コピペと捏造

どこまで許されるのか
表現世界の多様性を探る

一般社団法人 情報科学技術協会 監修

時実象一
著

樹村房

はじめに

最近ふと見たテレビで、富山市議会での政務活動費不正受給問題を取り上げていました。あるコメンテータが「(こんな市議会は)腐りきっている」と声を荒らげていました。たしかに詐欺行為であり、弁明の余地はありませんが、すべての出来事には原因があり、この場合それは地方市議会の体質かもしれず、チェックがされないシステムかもしれず、あるいはそうやって金を稼がねば生活できない議員報酬レベルなのかもしれず、いろいろ検討する必要があります。国会議員が白紙領収書をもらっていたことが明らかになると、大臣が「問題ない」と擁護したりします。そういう風土を無視して「腐りきっている」と言い切ってしまうのは、最近のウェブ言論におけるさまざまな「炎上」につながる臭いを感じました。

コピペも捏造も、○か×かといえば悪いことに決まっていますが、その中身はさまざまです。筆者はもともと学術研究における不正行為に興味があっていろいろ調べていたのですが、学術研究以外でもさまざまな不適切行為があることに気づき、ついついのめりこんでしまいました。歴史上のさまざまな事例を紹介しつつ、この問題にどのように取り組めばよいかについてもできるだけ言及したつもりです。読者の方々がこの問題を考える上でのヒントとなれば幸いです。

コピペと捏造

——もくじ——

第1部　あらゆる分野にはびこるコピペとパクリ

第2部　バレないと困るパロディの世界

第3部　怪しい捏造と改竄

序

どこまで許されるのか

パクリと創造の境界

２０１５年、ネット世界はオリンピックのエンブレム問題で燃えあがりました。専門家の多くは、このエンブレムに著作権上、あるいは商標上の問題はないとの意見でしたが、作者のほかの盗用疑惑が発覚したために、結局選定を辞退せざるを得なくなりました。

これをきっかけに、ネット世界では、コピペ、パクリ、盗用などのことばがあふれているといいます。ネットの世論の特徴は、「有名人」が「不当な利益を得ている」と思うと燃えあがる、ことです。では何が「不当」なのでしょうか。これらの実態はどうなのか、本当にこれらは悪なのか、冷静に考えてみる必要があると思います。この本はそのための材料を提供します。

他人の作品やことばを利用して発展させることは文化の本質です。アメリカのジャズは黒人音楽をベースにして発展しました。それがブルースやロックになり、現在のポップスにもつながっています。シェークスピアの数々の戯曲は、そのまま、あるいは翻案されて膨大な数の映画の原典となっています。そのシェークスピアでも、作品のネタとして古典を活用しています。芥川龍之介は、『今昔物語集』『宇治拾遺物語』などの古典を題材にして、「芋粥」「藪の中」などの作品を書いています。

これらはコピペ・パクリではないのでしょうか。誰も芥川龍之介がパクリだという人はいません。

しかし、一時ベストセラーとなった『チーズはどこへ消えた?』のパロディ本、『バターはどこへ溶けた?』は著作権侵害だとして出版停止に追い込まれました。また、ディズニーの『ライオン・キング』が手塚治虫の『ジャングル大帝』のパクリだと思っている人は多数います。それではどこが境界線なのでしょうか。

ひとつは原作品の著作権が存続しているかどうかが鍵となります。シェークスピアや『今昔物語』の著作権保護期間はとうの昔に切れており、誰でも自由に利用できます。いわゆるパブリック・ドメインといわれるものです。

一方で著作権が存続している場合は、その翻案(いわゆる二次創作)には著作権者の許諾が必要になります。『バターはどこへ溶けた?』事件はそのひとつの例です。『ライオン・キング』の場合は、手塚側が告訴を断念したため、そのままとなっています。

パクリとパロディ、オマージュの違い

それでは、著作権者の許諾のない翻案はすべていけないのでしょうか。江戸時代には「狂歌」が流行《はや》りました。大田蜀山人の歌「ひとつとりふたつとりては焼いて食う　鶉なくなる深草の里」は藤原俊成の「夕されば野辺の秋風身にしみて　うずらなくなり深草の里」のパロディです。

映画では「オマージュ」ということばがしばしば使われます。自分が尊敬する監督、あるいは好きな過去の映画作品のシーンのイメージを自分の映画の中に埋め込むことを指します。たとえばピクサーフィルムの『トイ・ストーリー』シリーズはオマージュで有名です。第一作でバズ・ライトイヤーがころがってくる地球儀から逃げるシーンがありますが、これは『インディー・ジョーンズ』で巨大な岩がころがってくるシーンとそっくりです。

アメリカでは二次創作のうち「パロディ」が「フェア・ユース」であるとして認められる場合があります。フェア・ユースは、次の4要素を考慮して裁判で判断することになります。

① 使用の目的および性質（営利か非営利かなど）
② 原著作物の性質
③ 使用された部分の量および実質性
④ 原著作物の潜在的市場または価値への影響

楽曲『プリティ・ウーマン』のパロディ曲の裁判においては、①の「使用の目的および性質」における「変形的利用」が正当であるとして、「パロディ」が認められました[001]。米国映画の例に見られるように、著作者はパロディやオマージュには寛容に思われます。

フランスでは、パロディは法律で保護されています。一方日本ではこのような仕組みがないため、パロディの製作はきわめて困難になっています。日本では高度成長期におけるコピーし放題への反動からか、著作者が著作権に非常に敏感になっており、寛容さが欠けていることもパロディやオマージュをつくることを困難にしています。

コミケに代表されるアニメや漫画の二次創作文化は、日本の文化創造のゆりかごともいわれ、ここからプロになった漫画家も多数います。この二次創作は無許諾であり、法律では保護されていませんが、商業的なものではなく同好者の内輪のものであるとして著作権者の黙認で成り立っています。先般ＴＰＰ締結による著作権法制への「非親告罪」導入により、著作権者の意思にかかわらず警察が摘発することによって死滅するのではないかと危惧されていましたが、山田太郎参議院議員（当時）や関係者の努力もあり、コミケのような二次創作には適用しないこととなりました。コミケは、日本で唯一のサンクチュアリということができます。

不適切な剽窃としてのコピペ

この本で多く取り上げているのは、前述のような、確信を持って使ったものでなく、「ばれるとまずいな」と思いつつも、つい、または「この程度はまあいいか」としてコピペしたものです。つまり使った側に違法意識があったと思われるケースです。これらは不適当なコピペと考えられます。コピペが適法となるには、「引用」としてコピペする必要があります。正当な「引用」であるためには、出典を書く、引用部分をかぎカッコなどで括る、などが最低必要ですが、これらの例では当然そんなことはしていません。

なかには、「私は知らなかった」と抗弁するケースもあります。著作権法の判例では、本人が原著作物に接していないことが証明されれば「依拠」していないとして侵害にはなりません。例のオリンピック・エンブレム事件でも、「そのロゴは見たことがない」と発言していましたし、事実そのとおりだと推察できます。

ただし、音楽の剽窃《ひょうせつ》のように、本当にコピペなのか微妙なケースもしばしばあります。裁判を嫌う日本社会では、これらは今まで表面化しにくかったのですが、最近はネットでの暴露という手段が大きな力を持ち始めています。これにより、微妙なケースも一方的に糾弾され、結果的に創作活動の委縮につながる恐れも出てきています。

コピペに寛容な教育現場

心配なのは若い人のコピペに関する意識の変化です。極論すれば、パクリは強く批判するが、コピペには寛容ともいえます。今、学校では「調べ学習」という授業が行われています。図書館を使ったり実地調査に出かけたりする場合もありますが、ネット検索が主流の場合も多いようです。たとえば「インターネットで調べ学習—1」というサイトには、出典をメモしようとは書いてありますが、その出典をレポートに記載することには触れていません。これでは著作権侵害となります。このような環境で育った若者は、「コピペがダメなんて習わなかった」ということになります。

また、多くのネットサイトは匿名であり、記載されている情報の出典も書かれていません。こうしたサイトを宿題やレポートで使うことに慣れてしまうと、「ネットに書かれていることはすべて真実」という誤った理解を学生・生徒に与えることになります。教育現場の実態調査と真剣な議論が必要です。

深刻な捏造や改竄

コピペと関連する話題として捏造《ねつぞう》や改竄《かいざん》があります。火のないところに煙を立たせることは小説や美術では必要なことですが、新聞やテレビなど事実を伝達すべきメディアや、警察・検察のような権力によって捏造・改竄が行われると深刻な問題となります。残念ながらこのような事件は後を絶ちません。最近でも、31年前の熊本県松橋町の殺人事件の再審開始が報じられました（朝日 2016・6・30）。この事件では、被告の宮田さんの自白の中で「燃やした」とされる布きれが証拠品の中から発見されたことも再審理由の一つになっています。

テレビ番組に「演出」はつきものであり、その意味では「捏造」や「改竄」をゼロにはできません。しかしそれも程度問題です。ドキュメンタリーと銘打って、俳優まがいの人を出演させたり、事実と異なるヤラセ発言をさせることはあってはなりません。

デジタル時代では誰でも文書や写真の修整（つまり改竄）ができるようになり、罪悪感が減っていることも事実です。スマホで撮った写真でも、簡単に背景を修正したり、写っている不要なものを消したりすることができます。それにもかかわらず、人々はネットで公表された文書や写真を真実だと思い込みます。ネット・リテラシーの問題のひとつです。

本書のねらい

本書は、コピペと捏造をめぐる複雑な状況を議論するための手がかりを提供することが目的です。前述のように、何かいいか、何がいけないか、かならずしもクリアでない話が沢山あります。絶対的な物差しはありません。さまざまな事例を見ながら一緒に考えていきたいと思います。

なお近年、学術研究での捏造が指摘された事件がいくつかありますが、本書では学術研究分野の捏造は扱っていません。

第1部

あらゆる分野にはびこる コピペとパクリ

1 歴史上に見られる盗用

木曽路はみな山中なり。何しおふ深山幽谷にて、岨づたひに行くがけ路多し。就中三留野より野尻までの間、はなはだ危き道なり此間左は数十間、深き木曽川に、路の狭き所は木を伐りわたして並べ、藤かづらにてからめ、街道の狭きを補う。

この文章を読んで、なんだか国語の教科書で読んだ気がする、と思った方は間違いです。じつはこれは江戸時代の紀行作家秋里離島の『木曽路名所図絵』の文章です。
みなさんが読まれたことがあるのは、次に示す島崎藤村の『夜明け前』の有名な書き出しだと思います。

木曽路はすべて山の中である。あるところは岨づたいに行く崖の道であり、あるところは数十間の深さに臨む木曽川の岸であり、あるところは山の尾をめぐる谷の入口である。

（中略）

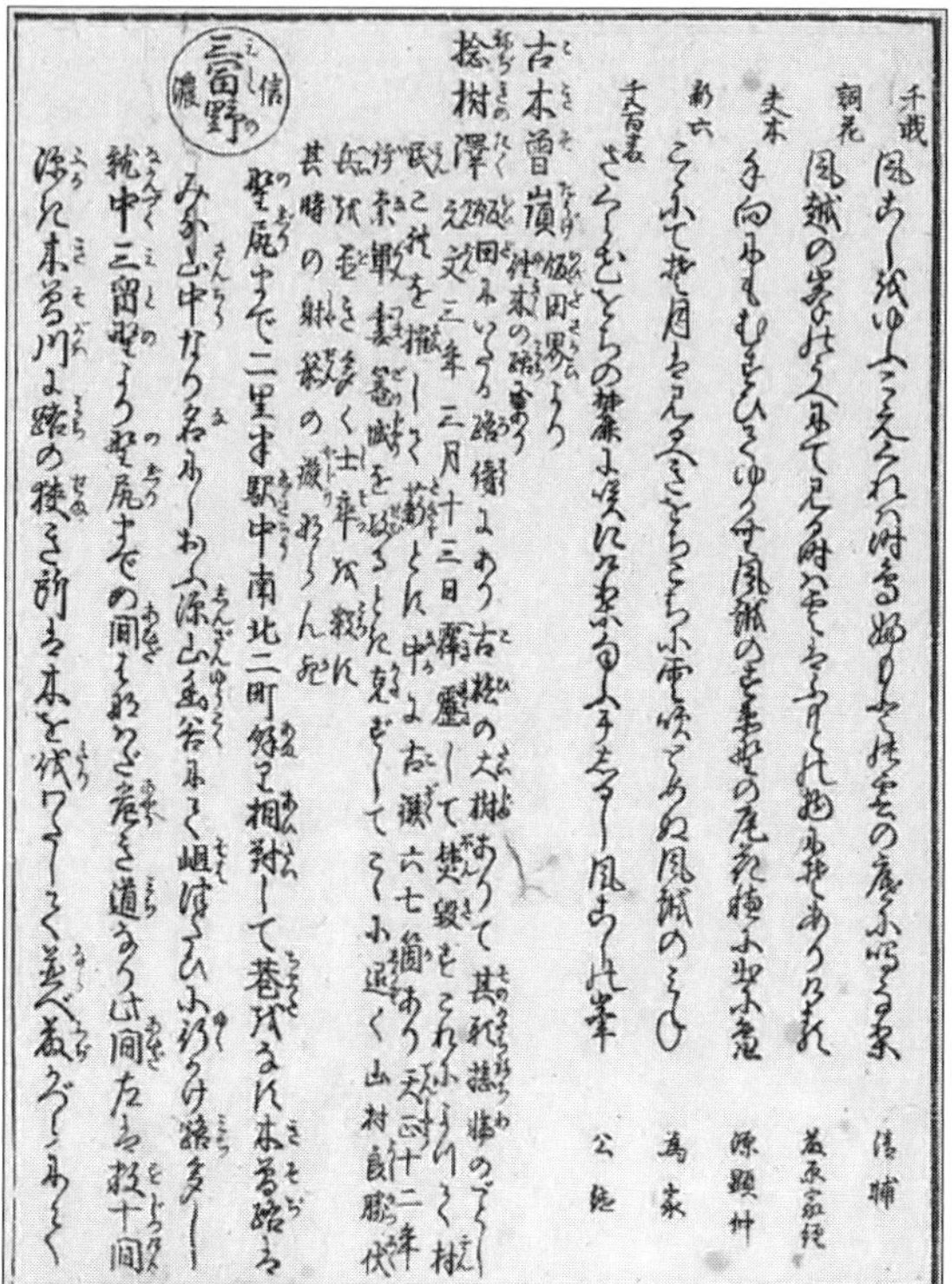

図１－１　『木曽路名所図絵』三（三ノ八）002

道の狭いところには、木を伐って並べ、藤づるでからめ、それで街道の狭いのを補った。

永田眞理は、『大作家は盗作家《?・》』（こう書房）の中で、この島崎藤村の剽窃を指摘しています。また永田は時代を遡れば、松尾芭蕉の『奥の細道』の冒頭、「月日は百代の過客にして、行きかふ年もまた旅人なり」も、李白の「夫天地者萬物之逆旅　光陰者百代之過客　而浮生若夢爲歡幾何」からきていることも紹介しています。永田は、こうした剽窃については時代背景を無視することはできないと述べています。現代は誰でも本を読み、文章を書くことができるが、と前置きして、次のように記しています[003]。

けれども昔は、そうではない。読み書き、とりわけ文学的なそれともなれば、ごく一部のインテリの独占するところであった。そして、極端にいえば、文章を書くとは故事典故を自分の文中に織りこむことであった。（中略）故事典故が巧みにとり入れられていれば、剽窃と非難されるどころか大変な賞賛をうける。

つまり、芭蕉のケースは「剽窃」でなく、今でいう「オマージュ」であると考えればよいのでしょうか。しかしオマージュであるためには、元の文章や作家を読者が知っていることが前提です。

島崎藤村の場合は、秋里離島の文章を読んだことのある人は当時少なかったと考えられ、多くの人が、これは藤村の創作であると思ったのではないでしょうか。その場合は、「剽窃」といわざるを得ません。

明治時代は著作権意識がかなり低かった時代ですから、海外の著作物の翻訳・翻案も自由に行われていた、と永田は述べています。たとえば、田山花袋の「海上二里」、北村透谷の「厭世詩家と女性」がそれぞれ外国文学の翻案であるのに、それを頬かぶりしている。森鷗外についても、その「航西日記」が久米邦武の「米欧回覧日記」からの盗用であることが、小島憲之の著書『ことばの重み』で指摘されているということです（読売 1984・3・26 7頁）。

もっと遡ると、12世紀の歌人藤原定家の日記『明月記』には陰陽師の安倍泰俊に調べさせた報告をそのまま貼り付けてあったことがわかりました（朝日 2014・7・8）。写本ではわからなかったこの事実が原本を見ると明らかです。これは当時起こった超新星の爆発についての記述で、元の陰陽師の資料が見つかっていないことから結果的には『明月記』が貴重な歴史資料であることとなりました。このような種類のコピペは多数あったと想像できますが、なかなか発見することは困難です。

大東文化大学教授の河野芳秀が、国立国会図書館に保存されている『日本農業雑誌』という雑誌の中に「悪戯な小兎」という6頁の小説を発見したとの新聞記事がありました（朝日 2007・5・12 東京 12頁）。これはビアトリクス・ポターが1902年に刊行した『ピーターラビット』（福音館書店）をそのまま翻訳したもので、わずか4年後の1906年に出版されています。ただし原作の表示もまったくなく、無断翻訳したのは明らかです。しかし記事では、松川二郎とされている翻訳者の先見性に感心こそすれ、盗作を非難する口調はまったくありません。

明治期近代登山の幕開けに貢献したとされる、1894年の志賀重昂の名著『日本風景論』は、じつはF・ガルトンの『旅行術』の翻訳剽窃であったと、登山家の黒岩健の『登山の黎明』が明らかにしました（読売 1985・10・16 19頁）。黒岩は、志賀重昂が実際の登山の経験があったと思えないのにザイルの使い方やビバークの仕方など詳しく書かれていることに疑問を持ったということです。それにもかかわらず、この本が日本の登山の発展に貢献した事実は否定できないでしょう。

このように、当時は外国の著作を無断で翻訳・翻案するのは当たり前だったのです。

2 小説に見られる盗用のパターン

現代の作家でもしばしば盗作が話題になります。近年は著作権意識の向上により、作家が原作者やマスコミで告発されるケースがしばしばあります。

松本清張『深層海流』事件

大作家の松本清張が、三田和夫の「赤い広場―霞ヶ関」の文章を『深層海流』という著書の中で剽窃したとして1968年に告訴されました（読売 1968・4・3 3頁）。しかし時効の問題からか不起訴になったとのことです。永田の本から引用すると、類似部分は次のようになっています。[004]

三田和夫「赤い広場―霞ヶ関」

ソ連の機関員は党員で、しかも訓練と教育をうけた経歴のあるものでなければならない。英国のシークレット・サービスは、親子、孫という深い家系によらなければならぬという鉄則がある。これがソ連と英国の秘密機関の伝統であり、その世界に冠たる所以でもあるのだ。

この英国の機関は、対米という点ではソ連機関の線とダブっている場合が多い。そこで日暮——ラストヴォロフと流れた村井外遊の真相は、英国秘密機関の同時にキャッチするところとなり、上川私信の通りワーン飛行場に英国諜報官が出迎えることになったのであろう。

さて村井氏が、この〝情報〟の伝える真の使命を、書類を奪われることなく果し得たのか、或は上衣まで切開かれて、君命を辱しめたのか、そこは分らない。そしてまたこのような国家的秘密、ましてや吉田秘密外交のそのまた秘密などは、一新聞記者の身として、第三者に提示し得るような確証を得ることは、不可能に近いのである。

松本清張『深層海流』

ソ連の機関員は党員で、しかも訓練と教育を受けた経歴のある者でなければならない。英国のシークレット・サービスは、親子線という深い家系によらねばならぬという鉄則がある。これがソ連と英国の秘密機関の伝統であり、その世界に冠たるゆえんでもあるのだ。この英国の機関は、対アメリカという点ではソ連機関の点とダブっている場合が多い。そこで、ソ連機関に流れた川上外遊の真相は英国秘密機関の同時にキャッチするところとなり、ボン私信の通り、ヴァーン飛行場に英国諜報官が出迎えることになったのであろう。

さて、川上氏が情報の伝える真の使命を書類など奪われることなく果し得たかどうか、あるいは、上衣まで切り開かれて君命を辱しめたかどうかは知らない。そして、このような国家的秘密、ましてや久我秘密外交のそのまた秘密などは、一新聞記者の身として第三者に提示し得るような確証を得ることは不可能に近いのである。

なお、現在発行されている『深層海流』では、この部分は削除されています。

山崎豊子事件

山崎豊子はしばしば盗作問題を起こしています。

1968年には小説「花宴」にフランスの作家レマルクの『凱旋門』（山西英一訳、新潮社）と酷似していることが読者から指摘され、山崎は「制作の過程で、秘書が資料集めしたときに起った手違いで、悪意はなかったが、結果的には訳文を盗用することになってしまった」と盗作を認めました。たとえば主人公ユキが外人記者に出会ったシーンでは、「花宴」では「一体、どうしたのです？こんな夜更けに女独り、街を歩いたりなどして！」とありますが、『凱旋門』では「いったいどこへ行くんです？　夜、独りで、パリの街をいま時分？」とよく似ていると報じられています。

さらに「花宴」では、芹沢光治良の『巴里夫人』からの盗用を文芸評論家奥野健男に指摘されました（朝日　1968・3・2　東京　9頁）。奥野は次のように書いています。

そうなると秘書にストーリーや作者のイメージを話し、この部分は『凱旋門』から、この部分は『巴里夫人』を参照してつくりあげよと命じ、それらをまとめ、自分の名で発表する小説をつくりあげている奇怪な制作過程のイメージが浮びあがってくるのを、どうすることもできない。

山崎は盗作を認め、日本文藝家協会を退会、一時執筆活動を停止しました。

関連年表1

日付	新聞	記事概要
1968/2/19	朝日	小説「花宴」にレマルク『凱旋門』の訳文と酷似、盗用を認める
1968/3/2	朝日	奥野健男が寄稿「盗用と代作」で「花宴」での芹沢光治良『巴里夫人』からの盗用を指摘
1968/3/14	朝日	山崎豊子「花宴」に芹沢光治良『巴里夫人』からの盗用についておわび
1968/3/28	朝日	山崎豊子日本文藝家協会を退会
1973/10/21	朝日 読売	山崎豊子「不毛地帯」で無名作家の作品から盗用
1973/10/23	朝日	山崎豊子「不毛地帯」『サンデー毎日』で休載
1973/11/2	朝日	山崎豊子が朝日新聞社を名誉棄損で提訴
1978/3/31	朝日 読売	山崎豊子と朝日新聞社が和解
1997/1/14	朝日	山崎豊子『大地の子』が筑波大学教授遠藤誉の『卡子』からの盗用と提訴される

文壇復帰後の1973年、今度は『サンデー毎日』に連載中の「不毛地帯」において、作家今井源治の『シベリヤの歌』から20か所以上盗用したとして抗議されました。たとえば『シベリヤの歌』で「私達は二人一組となり、長大な二人挽鋸をもって二抱え三抱えもあろう巨木に立ち向かった」とあるのが、「不毛地帯」では「二人一組になって、大きな二人挽きの鋸で高さ20メートル、直径1メートルほどもある大樹を伐るのだった」（読売 1973・10・21）となっています。しかし山崎は、資料として参考にしたが盗用ではないと主張、盗用と報道した朝日新聞社を名誉棄損で提訴しました。この裁判は1978年に山崎と朝日新聞社の間で和解しましたが、盗用であるかどうかについては触れられていません。

1997年には山崎の『大地の子』が筑波大学教授遠藤誉の『卡子《チャーズ》』からの盗用であると遠藤から提訴されました。この事件は2001年に東京地裁が「著作権は侵害していない」と差し止め請求を棄却して決着しました。

井伏鱒二『黒い雨』

井伏鱒二の『黒い雨』は原爆小説の傑作で、文化勲章受章につながっているとされています。これは広島での原爆投下の直後に降った、放射能を含むいわゆる「黒い雨」によって被爆した娘が、被爆者として差別をうけるうち、その後原爆症を発病する物語を書いた小説で、今村昌平監督によって田中好子主演で映画化され、こちらも話題になりました。この小説は、モデルとなった故重松静馬が書いた日記を土台にして書かれました。しかし元の日記は遺族が公表しなかったため、詳細は不明でした。

１９８８年10月12日付の『朝日新聞』は、この「重松日記」が発見されたと報じました。この記事によると、原爆投下の１９４５年８月６日の記述は、重松の日記の５～６割が活用されていたとのことです。この事件については猪瀬直樹や大江健三郎などの作家を巻き込んで盗作か否かの議論が起きましたが、井伏本人が１９９３年に亡くなったこともあり、結論を見ずにいたっています。この事件の顛末は栗原裕一郎の『〈盗作〉の文学史』（新曜社）に詳しく解説されています。

なおこの『重松日記』は２００１年に筑摩書房から出版されました。

無名作家や素人の原稿から盗用

流行作家がネタに困り、たまたま手にした無名作家や素人の原稿をこっそり使う事件はよくあります。戦後で話題となったのは前述した山崎豊子の事件です。

作家で翻訳者としても著名だった久米正雄の『安南の暁鐘』が青年作家安藤盛の『黎明の鐘は鳴

る』と題する原稿のほぼ完全な盗用であると問題になりました（朝日　1927・1・21）。久米は、安藤から「使ってくれと提供された」として開き直りました。この事件については、「久米の盗作は現在の常識から判断すると極悪の部類で、安藤から預かった原稿を右から左にした、盗作というより横領にちかいもの」であるが、「久米の旧友、菊池寛の采配でウヤムヤになった」と『〈盗作〉の文学史』の栗原裕一郎が自身のブログで書いています[005]。

治安維持法で検挙されたのち転向、戦後の「大東亜戦争肯定論」で知られている林房雄は、1929年に葵イツ子の「安南人に送る手紙」という小説を「古典的な手紙」でほぼなぞって書いたと非難されました（朝日　1929・5・21）。林房雄はただちに盗作を認め、一応葵に連絡を取ろうとしたが、返事がない前に出版されてしまったと弁解しました（読売　1929・5・23）。

泉鏡花文学賞受賞作家小檜山博は、『毎日新聞』に掲載された読者の「電車で」と題した投稿文をJR北海道の車内誌に盗用したと指摘されました。本人も盗用を認めています（朝日　2008・1・9）。

アシスタントやゴーストライターによる盗用

評論家竹村健一は、自著『もっと売れる商品を創りなさい』（第一企画出版）が『月刊アクロス』

の「新商品学」の盗作として抗議されました（朝日 1982・9・3 19頁）。竹村は、「書いたのは出版社、私はテーマと大まかな方向を指示しただけ」と弁解しています。この話は、山崎豊子の件と合わせ、人気作家の台所をうかがわせる話です。

いわゆるタレント本のほとんどが、ゴーストライターが執筆したものであることは常識ですが、その場合、著作権侵害の危険が高まります。ビートきよしが雑誌『スコラ』に書いたエッセイが早稲田大学教授加藤諦三の『愛すること愛されること』の一章をほぼそのまま盗用していたことが報道されました（読売 1982・10・9 15頁）。このエッセイはビートきよしのマネジャーが代作したとのことです。

なおこの『愛すること愛されること』では、故寺山修司が『映画評論』に書いた「鳥にとって飛ぶことは思想か」から10行ほどコピペしていたことがわかり、加藤は謝罪しました（朝日 1987・10・2 30頁）。

3 判断のむずかしいノンフィクションの盗用

『あゝ野麦峠』

野麦峠は岐阜県高山市から長野県松本市に抜ける峠で、乗鞍岳の南側になります。明治時代から大正時代にかけて、長野県の諏訪地方で生糸工業が発展しましたが、そこへ女工として働くために飛騨の10代の少女がこの峠を越していきました。女工たちの中には過酷な労働環境で体を壊し、故郷に帰れなかった者もあったそうです。山本茂実はこうした元女工たちの話を聞いてまとめ、ノンフィクション『あゝ野麦峠』(朝日新聞社)を出版しました。この物語は大竹しのぶの主演で映画化もされ、日本の発展のため犠牲となった「女工哀史」としてたいへん評判になりました。

この本の前身は『文藝春秋』に掲載された短編「野麦峠を越えた明治百年」です。この記事が掲載されるとすぐ、岐阜県の蒲幾美という人から、自分が郷土史誌『飛騨春秋』という雑誌に掲載した「野麦峠」という作品に酷似していると抗議されました(朝日 1966・9・6)。山本の言い分は、このルポルタージュは多くの人からの聞き書きであり、当然蒲が取り上げたと同じ話もあるので盗作ではない、ただし、蒲が創作した「つや」という登場人物の名前を使ったのは落ち度であるということのようです[006]。この事件は、山本茂実が記事を掲載した朝日新聞社と産経新聞社を告訴した結果、両新聞社とは和解し、最終的に単行本『あゝ野麦峠』を朝日新聞社から刊行することで合意しました。

大原富枝が1967年に発表した「ひとつの青春」は、高知出身のプロレタリア詩人槇村浩の生涯を書いた作品です。これに対して、高知の作家土佐文雄が盗作であると声明を発表しました（読売1967・12・21）。たしかに同じようなエピソードがあるようですが、大原は資料提供者が同じなので、同じような内容になるのはやむを得ない、と回答し、最終的には和解したようです[007]。

あさま山荘事件

1970年安保闘争の中で生まれた二つの新左翼組織が合流してできた、いわゆる「連合赤軍」は、1972年2月、長野県軽井沢町の浅間山のふもとにある「あさま山荘」で人質を取って数日籠城しましたが、最後に警察に逮捕されました。この事件に先だって、連合赤軍内で「総括」と呼ばれる凄惨なリンチと殺人が繰り返されていたことが判明し、主犯格である永田洋子と坂口弘は死刑確定、森恒夫は拘置所内で自殺、坂東國男は逃亡しています。

この一連の事件を題材としたのが立松和平の連載小説「光の雨」です。雑誌『すばる』1993年10月号に掲載されたその一部が、この事件で死刑判決を受けた坂口弘の手記『あさま山荘1972』（彩流社）から盗用したものではないかと関係者から申し入れがありました（朝日 1993・10・6）。ノンフィクションですから、当然同じ情景が描かれることになりますが、坂口の手記の表現に類似している点が問題となったようです。立松はただちに指摘を全面的に認め、謝罪しました（朝日 1993・10・7）。小説は全面改稿されて1998年に『新潮』に連載、単行本となりました。

なおこの新聞記事で「無断引用ではないか」との表現が用いられたことに対して、著作権法が専門の早稲田大学教授の土井輝生から、「引用は無断で行うもので、「盗用」というのが正しい」とのコメントがありました（朝日 1993・11・23）。つまり「無断引用」という表現は著作権法上正しくないわけですが、いまだにマスコミではしばしば使われています。

事実を元に小説化したノンフィクションでは、どうしても取材元の素材と似てしまうことがあります。執筆者が素材の作者にていねいに説明することが重要だと思われます。なお後述しますが、ドキュメンタリーでは素材のプロットは「事実」ですから著作性はなく、利用は自由です。

『弁護士のくず』

『ビッグコミック』で連載された『弁護士のくず』の作者および小学館は、「マンガ内のエピソードのひとつ『蚕食弁護士』が、内田雅敏のノンフィクション小説『懲戒除名〝非行〟弁護士を撃て』（太田出版）の盗用であるとして告訴されました。これは、実在の悪徳弁護士の事件を題材としたものです。

この裁判は知財高裁までいきましたが、2010年6月29日、『弁護士のくず』側が勝訴し確定しました（毎日2009・12・25東京22頁）。内田の著作は実際の社会的事件を元にして執筆されており、それを元にして漫画にしたとしても、それはあくまで事実を利用したわけなので、著作権侵害にはならないとの理由でした。これは、ちょうど、「富士山の高さ」のような客観的事実については著作権がないこととよく似ています。

ノンフィクション作家は取材が命であり、そのために多大の労力をかけていることは間違いありません。そうして判明した事実をほかの作品で勝手に利用されることに納得がいかないというのも理解できますが、著作権法の考え方からはやむを得ません。

類似の事件として、推理小説作家小林久三が、『ノンフィクション・ノベル　帝銀事件』は和多田進の『追跡・帝銀事件』の事件構図をまねたものだとして抗議を受けた例があります（読売　1982・7・17　7頁）。またNHK大河ドラマ『春の波濤』事件があります（読売　1985・9・29　22頁）。前述の立松和平の『光の雨』で連合赤軍坂口弘死刑囚の『あさま山荘1972』を盗用したとされる問題で、早稲田大学教授の土井輝生は、ドキュメンタリー作品の場合、盗用といえるかどうかむずかしい側面があると述べています（朝日　1993・11・23　5頁）。一方、坂口の代理人伊藤良徳はこのケースでは事実の利用だけでなく、表現の盗用があったと指摘しています（朝日　1993・11・26　5頁）。

このようなノンフィクション小説の盗用の訴えには、関連年表2のようなものもあります。

関連年表2

日付	新聞	記事概要
1999/11/12	朝日	秦野市教委の児童向けの副読本『百合子おばさんの捨て犬救出大作戦』は角谷智恵子『すてイヌシェパードの涙』の盗用
1999/11/26	朝日	城島明彦、『ソニーの『出井』革命』は盗用として立石泰則と講談社を訴え

4 その他の分野の盗用

翻訳書の盗用

翻訳書の盗用が問題になった事件はあまりありません。1994年にフード・ドクター東畑朝子の『更年期からの素敵ダイエット』（海竜社）に対して、翻訳家加地永都子《えつこ》らの訳書『のびのび更年期』（径書房）からの盗用が35か所も見つかったとして東京地裁に訴えました。加地らは「翻訳書は原著が別にあることから著作権を主張しにくく翻訳家は泣き寝入りしがちだ。今回の場合、重要な部分で表現がそっくりの個所があまりに多く、放置できないと思った」と話したとのことです（朝日1994・5・17 12頁）。

俳句の類句

作家の車谷長吉は自作の俳句「青芒女の一生透き通る」が「青蘆原をんなの一生透きとほる」（橋本多佳子作）、「ふところに乳房ある憂さ秋暑し」が「ふところに乳房ある憂さ梅雨ながき」（桂信子作）の「盗作」と指摘されたことについて、「20代にこの2人を含むあまたの句集を読み、大半は忘れているが、『あッ。』と思うた句は、無意識の記憶に残るものらしい」と書き、その2句を作り替えました（朝日 2004・3・11 14頁）。

これに対し、「盗作とは思わない」（秋山巳之流）、「俳句には類句があってよい」（筑紫磐井）などの反論がありました。筑紫は、志賀芥子の「獺祭忌《だっさいき》明治は遠くなりにけり」をもじって中村草田男の「降る雪や明治は遠くなりにけり」があったとして、「俳句とは類句模倣ではないか」と主張しています。

たしかに俳句や短歌は短いだけに、気づかずに盗用となってしまうことはあり得そうです。しかし、次のように、意図的な盗用も後をたちません。

懸賞における盗用

懸賞における盗用はずいぶん昔からあるようです。1916年の『読売新聞』には、同紙で募集した新子守歌の第三等当選の「ねんね寝過ぎた負け兎」が『少女の友』に掲載されていた石本辰の新子守歌の剽窃であるとの記事が掲載されています（読売 1916・10・6）。そのほかの盗作事件を表にしました（関連年表3）。

小学生・中学生などの懸賞応募は教師の指導の下に行われることが多く、教師の責任も否定できません。軽い気持ちで盗用しても、新聞で話題になると本人は深く傷つきます。学校の名誉のためと、やたらに応募を奨励するのも考え物です。

また俳句など短い作品では偶然の一致もあり得るとして、同一でもかならずしも盗作とは決めつけず、「先行句」として処理することもあるようです。

歌人の栗木京子は、選者を務めている『日本経済新聞』のコラムで「他紙への二重投稿や他者の作品の盗用がなかなか減らない」と指摘しています（日経 2014・6・7 4頁）。こうした盗用や剽窃や二重投稿は「ほとんどが読者からの指摘によって発覚する」とも述べています。

関連年表3

日付	新聞	記事概要
1916/10/6	読売	『読売新聞』懸賞「新子守唄」当選歌は『少女の友』掲載の歌の剽窃
1924/11/10,14	読売	足利高女生徒の作文が恋や性を書いて問題となったが、実は青柳有美の書物を写したもの
1936/12/5	読売	明治神宮献詠歌15首のうち1首が剽窃
1950/3/23	読売	鎌倉市立小学校の生徒の作品を教師が『小学生新聞』に応募し入選したが、サトー・ハチローなどのコピーだった
1951/2/8	朝日	当選した文京区歌の歌詞は山梨県歌とそっくり、本人は剽窃を否定
1961/3/17	朝日	『小学五年生』の投稿詩が教科書からの盗作
1962/1/14	朝日	「歌会始」の入選作は前年７月『新週刊』の掲載歌の盗作
1963/1/11	朝日	「歌会始」の入選歌は住吉大社「観月祭」戴詠入選歌の盗作
1968/1/11	朝日	奈良県公募県民の歌は秋田県本荘市民歌と歌詞が酷似
1979/12/2	読売	東京都俳句連盟1978年文部大臣賞作品は盗作と判明、同連盟は頬かぶり
2002/4/17	朝日	「おかあさんの詩」コンクール昨年度優秀賞は盗作
2008/6/12	朝日	三重県全国俳句募集「光の一句」で最優秀賞は先行句あり、盗作ではない
2009/2/10	朝日	十勝毎日新聞文芸作品コンクール「新年文芸」佳作作品が向田邦子のエッセイから一部盗作
2009/11/20	朝日	「春日井市短詩型文学祭作品展」特別賞小学生は児童文学作品からの盗作
2010/2/10	朝日	米沢市芸術文化協会川柳コンクール最高賞に類似作あり、「桃」が「愛」になっただけ
2010/10/20	朝日	福岡県柳川市教育委員会「白秋献詩」文部科学大臣賞が盗作、ネット投稿サイトから
2010/10/20	朝日	前橋「若い芽のポエム」中学生の部金賞がネット掲示板から盗作、保護者から通報
2010/10/28	朝日	群馬県高崎市土屋文明記念文学館・短歌賞中学生の部入選に歌謡曲から盗作
2010/11/11	朝日	群馬県高崎市土屋文明記念文学館・短歌賞（中学生の部・高校生の部）新たに3点の盗作が判明
2012/2/11	朝日	兵庫県新温泉町「第17回『前田純孝賞』学生短歌コンクール」の高校生受賞作品が盗用

「歌会始」事件

「歌会始」は新年に当たって和歌を詠む「歌会」のひとつですが、しばしば宮中で行われる「歌会始の儀」を指します。毎年翌年の「歌会始」の題が公表され、一般から和歌を募集し、入選作「選歌」10首が読み上げられます。また天皇・皇后・皇族の歌も披露されます。ちなみに2016年1月15日に開かれた「歌会始」のお題は「人」、2017年のお題は「野」だそうです。

1962年の「歌会始」の入選作「夜を学ぶ生徒らはみな鉄の匂ひ土の匂ひを持ちて集い来」が前年の週刊誌に掲載された「夜を学ぶ生徒等はみな鉄の匂い土の匂いを持ちて集い来」とそっくりだったことがわかりました（朝日 1962・1・14 11頁）。「生徒等」が「生徒ら」、「匂い」が「匂ひ」になっているだけで、盗作の疑いが濃いものでした。宮内庁は入選を取り消しましたが、本人は盗作を否定しました（朝日 1962・1・16 13頁）。その後、前年の入選作にも盗作と見られる歌があったことも報道されました（読売 1962・1・19 11頁）。

さらに翌1963年にも入選作「尾根までもつづく草原つらぬきて新幹線の測量旗立つ」という歌が、前年の住吉大社の入選歌「父祖の血の通う青田を貫きて新幹線の測量旗立つ」と「尾根までもつづくみかんの山々が帰省列車の窓に見えきぬ」の継ぎ合わせであると問題になりました（朝日

1963・1・11 7頁)。やはり本人は盗作を否定しましたが、入選を辞退しました。
この当時は無論インターネットもなく、盗作は発見されにくい時代でしたが、さすがに「歌会始」となると注目度が高いので見つかったと思われます。その後「歌会始」での盗作事件はありません。

盗作をテーマにした小説

創元推理文庫から中町信の『模倣の殺意』(1972年発表作の加筆修正版)という小説が出ています。これは自殺したある無名の推理小説作家が大作家の小説を盗作したのではないかという疑いをかけられる話です。好みは分かれると思いますが、大逆転が楽しめる小説です。また大岡昇平は、新人賞受賞作に盗作の疑惑をかけられて自殺する男の話を「盗作の証明」(1979)に書いていますが、これは1978年度群像新人賞を受賞した小幡亮介の「永遠に一日」が開高健の『夏の闇』の盗用ではないかと議論になった事件をモデルにしているとのことです[008]。

5 出版社による盗用と海賊版

『キリンが笑う動物園』

岩波書店発行の岩波科学ライブラリーの上野吉一著『キリンが笑う動物園』に、盗用が見つかり、岩波書店は初刷を回収し、絶版としました。岩波書店のお詫びは次のようになっています[009]。

上野吉一著『キリンが笑う動物園』（岩波科学ライブラリー、２００９年1月27日発売）につきまして、2月16日付の「謹告」で、本書中の引用に誤解を招く記述があったこと、それを訂正した二刷りとお取り換えすることをお伝えいたしました。その後さらに検討した結果、本書は、その第3章39～47頁において、大阪芸術大学教授若生謙二氏の論文「動物園における生態的展示とランドスケープ・イマージョンの概念について」（『展示学』27号3～7頁）の著作権を侵害する箇所があるものと判断するにいたりましたので、本書の二刷は行わず、回収といたします。

若生様ならびに読者の皆様には大変ご迷惑をおかけしましたことを深くお詫び申し上げます。

『最後のパレード』

サンクチュアリ・パブリッシング社が発行し、23万部のベストセラーとなった中村克の『最後のパレード―ディズニーランドで本当にあった心温まる話』には、ドナルドダックが車椅子の夫婦をなでてくれた、という「大きな白い温かい手」という話が載っていました。しかしこれは、「小さな親切」運動本部の「小さな親切はがきキャンペーン」の入賞作品「あひるさんありがとう」（2005）という別の遊園地での話のまるごとコピーでした（読売 2009・4・20 東京 12頁）。さらに、同書では、「2ちゃんねる」の記事の盗用、ディズニーランド運営会社オリエンタルランドの社内文集からも6作品の盗用が発覚しました。とくに社内文集の記事については、「編集者とともに選んだ」とされており（読売 2009・4・27 東京 26頁）、出版社ぐるみの盗用が疑われています。これに対して、出版社は「インターネット上にあり、すでに誰もが知っている話で、盗用ではない」と強弁をはかりましたが、最後には自主回収に追い込まれました。このケースは、出版社が絡んでいる悪質な事件です。

そのほかの盗用事件

教科書、事典、ハンドブックなどを発行する出版社が、他社の出版物を盗用するケースがしばしばあります。これは世界的にも例が多数あります。『読売新聞』『朝日新聞』のアーカイブから拾ってみたものを紹介します。私が見つけた一番古いものは1878（明治11）年のものでした。もちろん江戸時代にも盗作はあったと思われますが、今回は調査していません。

このうち、元西日本短大教授奥秋義信の著書『敬語の誤典』（自由国民社）は数奇な運命をたどり、なんと4社から盗用されていました。最後に20年も経って、大手の講談社+α文庫の『目からウロコ！日本語がとことんわかる本』と『誰もが「あっ」と思いあたる間違いことばの本』で盗用され、問題が大きくなりました。結果として、出版社が即製の本を十分チェックもせずに利用した実態が明らかになりました（朝日 1999・2・3 4頁）。

児童参考書などに盗用が多いことについて、国立教育研究所室長の板倉聖宣は、自著が無断で利用された経験から、「科学読み物は（執筆者が）自分の専門外のことに触れることが多く、人の書いたものを自分のものにしてしまうためか盗作が多い。日本人は外国の本からの引用がルーズで、それが日本人同士にもおよんでいるのだろう」と話しています（朝日 1981・8・17 12頁）。

関連年表4

日付	新聞	記事概要
1878/5/7	読売	『算法早道』というそろばんの本は、『算法早学』の抜き取りだと上申
1878/8/23	読売	『鼇頭《がうとう》新玉編大全』という字引は、『益会玉編大全』の剽窃として罰金80円
1891/12/29	読売	『新体支那歴史』は『支那開化小史』の剽窃であるとして裁判で罰金50円、本は没収。その後控訴審で無罪となる(1892/12/19)
1894/3/22	東京朝日	冨山房発行の天野為之の修身書が重野・末松両博士の著書の剽窃との事件は、出版社冨山房が勝手にやったこと
1920/12/18	朝日	東京市社会局の『東京社会事業名鑑』は大日本私立衛生会内中央事前協会刊行の『日本社会事業名鑑』の剽窃
1936/12/5	読売	大學書林の『ロシア語四週間』は『ロシア語解梯』など三著書の焼き直し、とくにロシア人講師が執筆した『日本人のためのロシア語発音の基礎』は削除せよと申し入れ
1965/12/3	朝日	釣り本の盗作で告訴
1968/11/14	読売	ゴルフ、ペットの飼い方など実用書の盗作横行
1973/5/8	朝日	山と渓谷社の『野鳥観察ノート』の図版は日本鳥類保護連盟、小学館などの鳥類図鑑から盗用
1977/6/26	朝日	東京書籍の教科書『新しい技術・家庭』の図表・イラストが開隆堂出版の『技術・家庭』から流用、東京書籍は遺憾の意
1979/6/5	朝日	雑誌『税務広報』に業界誌の記事・論文を17回にわたって盗用・複製
1979/10/22	朝日	主婦の友社の『'79年鑑イラストレーションの世界』は講談社の『年鑑日本のイラストレーション』に類似
1981/8/17	朝日	ポプラ社の『海べの動物たち』が国土社の『潮干狩りの動物研究』と構成や図版がそっくり
1992/4/20	朝日	三菱電機荒野てつ也の『おもしろい気象情報のはなし』は気象庁の故・荒川秀俊の『お天気日本史』などから大幅に転用
1991/12/8	朝日	過去問出版社「声の教育社」が同業の「東京学参」を解答や解説の盗作で訴え、仮処分決定
1999/1/24	朝日	講談社＋α文庫の『目からウロコ！ 日本語がとことんわかる』と『誰もが『あっ』と思いあたる間違いことばの本』、元西日本短大教授奥秋義信の著書から盗用

ちょっと異なったケースとして、リーダーズダイジェスト社が１９７９年に発売した夏目漱石復刻本は、じつは日本近代文学館がほるぷ出版と共同で刊行した復刻全集の写真複製だったと報じられました。元の本にある汚れなどがそのまま複製されていることが証拠として挙げられています（読売　１９７９・2・26　23頁）。リーダーズダイジェスト社は写真撮影したことは認めたものの、復刻版には著作権はないと開き直りましたが、東京地裁が仮処分を決定し、販売は差し止め状態になりました。その後、岩波書店と春陽堂も同様の訴えを行いました（朝日　１９７９・5・30　22頁）。これは著作権侵害というより不正競争防止法の問題ではないかと思われます。

海賊版を考える

筆者は有機化学出身です。大学にいた頃、研究室では毎週決まった曜日の夕方に有機化学の教科書の輪読が行われました。そこで使われたのは、１０００頁にもなる米国の著名な教科書でしたが、こうした教科書や専門書は当時（１９６０年代）、すべて海賊版でした。海賊版の業者は毎週のように研究室に出入りしていました。当時1ドルは３６０円であり、手数料を加えた書店レートは６００円以上でしたで、米国で50ドルの本であれば、３万円ということになります。初任給が２万円の時代ですから、先生といえどもそうは原書を買えるわけがありません。おそらく、ノーベル賞を受賞した諸先生方でも（若い方以外は）、海賊版のお世話にならなかった方はいらっしゃらないのではないかと思います。日本の戦後の研究開発を支えたのは、まさに海賊版だったといっても過言ではないでしょう。

筆者はまた、ケミカル・アブストラクツ・サービス（CAS）でアジアの営業を担当していたことがあります。1995年ごろは、中国全土で、抄録誌『ケミカル・アブストラクツ』は2部しか購読されていませんでした。しかし、化学の研究が『ケミカル・アブストラクツ』なしでできるとは思えません。私は「中国の現状を調査してこい」といわれたので、中国の大学にいってみると、どこの図書館でも『ケミカル・アブストラクツ』が立派に製本されて飾ってありました。じつはこれらはみな海賊版でした。まさに1960年代の日本と同じでした。

これら学術雑誌の海賊版は、政府系の印刷所で作成されていたようです。中国が2001年にWTOに加盟することが決まると、国際的な体面上、中国政府はこれらの海賊版印刷所を一斉に閉鎖しました。その結果、『ケミカル・アブストラクツ』を含む学術雑誌の正式注文が各出版社に殺到し、学術出版社全体では数十億円の売り上げがあったといわています。『ケミカル・アブストラクツ』単独でも数十セットの新規購読がありました。海賊版がすでに普及していたため、営業努力はまったく不要でした。その頃ようやく中国経済が発展の軌道に乗りつつあるころで、技術者の月給が10万円になろうとしていたころです。まさに期が熟していたといえます。その後中国の学術情報市場は順調に発展しているようです。

こうしたエピソードで思うことは、二つあります。①買う金がなければ、正式版は誰も買わない、②海賊版は、正式版のための地ならしをしている面がある、ということです。

ネット時代に入って、海賊版の広がりは桁が違ってきています。しかし、海賊版の主な利用者が、開発途上国であり、青少年であることを見ると、この二つの観察は今でもあてはまるのではないかと考えます。むろん、海賊版の横行を奨励するわけではありませんが、「海賊版のために何千億円の損害が」という声を聞くと、本当ですかといいたくなります。海賊版をなくしても正式版が売れるわけではないからです。ケミカル・アブストラクツ・サービスも別に損をしていたわけではなく、単に買う側に購買力がなかっただけなのです。

6 後を絶たない新聞記事の盗用

新聞記事における盗用は、インターネットの普及以前からしばしば発生しています。新聞記者が締め切りに追われ、追い詰められてコピペをしてしまうのか、なかなか後を絶ちません。

おそらくもっとも大規模な捏造・盗用は、2003年に発覚した米国ニューヨーク・タイムズ紙のブレア元記者の事件で、約600本もの捏造・盗用があったとされています（朝日 2003・5・14 29頁）。事件の現地にはいかず、写真を見たり、ネットやデータベースで調べて臨場感あふれた記事を書いたと伝えられています。たとえば2003年4月19日にはメリーランド州ベセスダからの発信として、イラク戦争で負傷した米兵6名に取材したとしていますが、実際に彼が病院を訪問した記録はなく、そのうち3名は彼からいかなる形でも取材を受けていませんでした（朝日 2003・5・15 33頁）。

日本で問題となった主な新聞記事等の盗用事件を関連年表5で示しました。

関連年表5-①

日付	新聞	記事概要
1991/4/23	AERA	『AERA』1991/3/26号「現代の肖像・コープこうべ理事長高村勣」は『神戸新聞』のインタビュー議事の盗用
1991/5/13	朝日	共同通信連載コラム「からだの数字学」は『朝日新聞』日曜版の「新解体新書」を大幅に引き写し
1997/4/17	朝日	「スポーツニッポン」競馬専門紙『競馬エイト』の記事を5か月にわたって盗用
1999/8/6	朝日	毎日新聞中部本社のコラム「一語一話」と「憂楽帳」で『朝日新聞』コラム「天声人語」を盗用
1999/9/5	朝日	『世界日報』のコラム「上昇気流」で『琉球新報』のコラム「交差点」を盗用

関連年表5-②

日付	新聞	記事概要
2000/6/23	朝日	『朝日新聞』解説記事「核不拡散条約(NPT)再検討会議」で『中国新聞』の「核廃絶の誓約 NPT会議を終えて」記事盗用
2000/10/14	朝日	『産経新聞』の筑波大学名誉教授白川英樹のノーベル化学賞の受賞記事は『日経産業新聞』記事の盗用
2002/9/25	朝日	『朝日新聞』「経済気象台」で『読売新聞』「政治を読む」の記事を盗用、外部執筆者
2005/5/1	朝日	『毎日新聞』日曜版「日曜くらぶ」連載記事の一部で、作家沢木耕太郎の著作を盗用・無断転載
2005/5/12	朝日	TBS担当部長がホームページのコラムで、『読売新聞』『毎日新聞』『朝日新聞』3社の記事17件を盗用
2007/2/2	朝日	富山県立山町の「かんもち」について『朝日新聞』カメラマンが『読売新聞』のＨＰから記事盗用
2007/2/7	朝日	山梨日日新聞社が1月31日付の社説で、他紙の社説を計10か所盗用
2007/2/22	朝日	新潟日報社2006年11月21日の社説は『朝日新聞』の同月18日付社説「また広がった拉致闇」からの盗用
2008/5/27	朝日	福島中央テレビアナウンサー、他人のブログの文章を会社のホームページに掲載
2008/6/5	朝日	NHK長野放送局松本支局記者が『信濃毎日新聞』の記事を盗用、取材を受けていないことから発覚
2008/8/5	朝日	鹿児島県・奄美群島の日刊紙『奄美新聞』が『南海日日新聞』の浅丘ルリ子に関する記事を盗用
2008/11/19	朝日	青森県弘前市陸奥新報社が青森市東奥日報社の選挙記事を盗用
2008/12/9	朝日	熊本日日新聞社編集委員がNHKの月刊誌『きょうの健康』の記事を盗用
2009/5/23	朝日	読売新聞大阪本社の運動部記者が『中国新聞』の記事盗用。全部で8記事
2011/1/25	朝日	時事通信記者が共同通信配信のスキー結果の記事盗用
2014/5/17	朝日	CNNロンドン支局で約50のニュースに盗用発覚
2014/6/6	朝日	男性ファッション誌『Free&Easy』、安西水丸の追悼記事を『週刊朝日』から盗用
2015/3/6	朝日	「産経ニュース」の記事、他人のブログにある翻訳記事から盗用

7 美術における模写と盗用の違い

過去の作品を下敷きにした創作

絵は昔からコピペの対象でした。優れた絵があると聞けば、そこに訪ねていって絵を模写させてもらい、絵を「盗む」ことが創作の始まりでした。日本画の世界でも、弟子は師匠の絵やほかの絵師の作品を模写することから修行が始まります。戦国時代を生きた画家長谷川等伯の流れを継ぐ長谷川派の絵師が描いたとみられる模写が、最近大量に発見されて話題になりました（北国 2006・5・29 15頁）。今でも、画学生が勉強のために美術館で模写をするのは当たり前のことです。

原作にヒントを得て、似た作品を発表したらどうでしょうか。ピカソは印象派の画家たちの作品をまねして新しい作品にしたことで有名です[010]。たとえば、マネが描いた有名な「オランピア」（1863）の構図を使って、「オランピア」（1901）という新しい作品を描いていますが、女性が黒人に変わっています。なおよく知られているように、「オランピア」自体も、あきらかにティツィ

ピカソの「オランピア」011

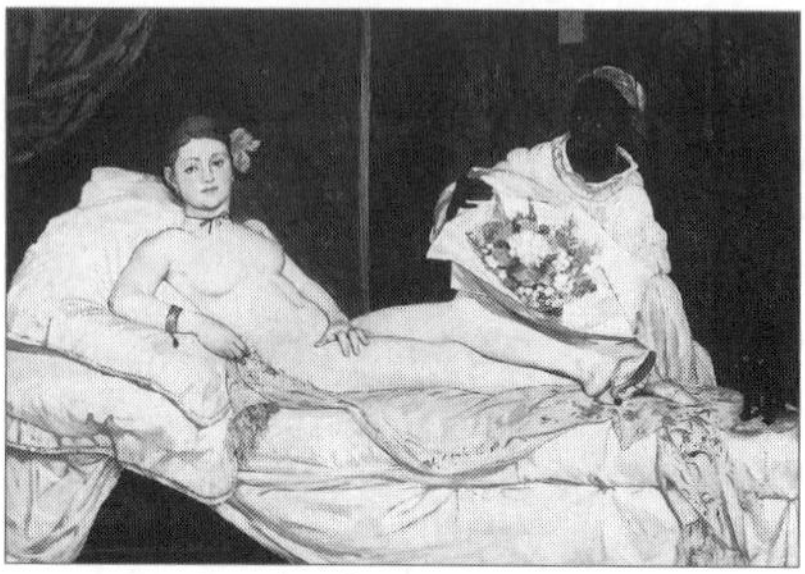

マネの「オランピア」012

ティツィアーノの「ウルビノのヴィーナス」013

図1-2　「オランピア」と「ウルビノのヴィーナス」

ピカソの「アルジェの女たち」014

ドラクロワの「アルジェの女たち」015

図1-3　「アルジェの女たち」

アーノの「ウルビノのヴィーナス」にヒントを得たものです。

２０１６年1月13日付の『朝日新聞』で、曽根牧子はパブロ・ピカソの言葉「優れた芸術家は模倣し、偉大な芸術家は盗む」を引用し、その例としてピカソの「アルジェの女たち」（１９５５）はドラクロワの同名の絵（１８３４）の構図や人物の姿態を下敷きにしたものだと述べています。たしかに左の女性の衣装はドラクロワの絵とそっくりです。

和田義彦事件

２００５年の芸術選奨美術部門を受賞した洋画家和田義彦の作品が、イタリアの画家アルベルト・スギの絵と似ているとの疑惑が報道されました（朝日 ２００６・５・29 15頁）。和田は、スギとは長い交流があり、一緒にデッサンをしたりしたので似てしまった、と説明したそうですが、ほかにもスギの絵と構図やタッチの似た作品が多数あることから、芸術選奨や、東郷美術館賞など各種の賞が取り消されました。スギは和田が「画家だとは知らなかった」と述べています（朝日 ２００６・６・１18頁）。

マネやピカソの模倣と、和田義彦の模倣の本質的な違いは、素人でもよくわかるのではないでしょうか。マネやピカソは、誰でも知っている有名な絵を題材にして、新しい世界を作りました。こ

和田義彦の「ナイトクラブ」

アルベルト・スギの「ノクターン1」

図1-4　和田義彦とアルベルト・スギの類似する作品 016

れは日本の和歌や俳句の世界の「本歌取り」と同じです。

他人の写真の利用

風景画を描く際、昔なら現場でスケッチをしてからアトリエでそれを基に製作しました。最近は写真を撮ってそれを基にすることも多いようです。その場合、他人の写真を素材にすると問題になります。１９８３年、二科展出品青柳三郎作品「女のあかり」が旅行グラフ誌の写真を模写と指摘されました（朝日 1983・9・13 22頁）。これは、後述の漫画の「トレース」疑惑と同様、独創性のないコピペと言わざるを得ません。では自分の写真の「トレース」ならいいのかということですが、著作権法上の問題はないにしても、あとは芸術家としてのモラル・独創性の問題となるでしょう。

この二科展では、雪村いずみの娘でタレントの朝比奈マリアの「ピンクの馬服」がやはり、他人の写真の模写であるとして入選取り消しとなりました（読売 1983・9・8 22頁）。朝比奈は「写真に著作権があるとは知らなかった」と述べたということです。

二科展でまた盗作

旅行誌の写真模写 今度はなんと審査員

東京・上野の東京都美術館で開かれている二科展（主催・二科会＝吉井淳二理事長）で、会員の出展作品が旅行グラフ誌の写真を模写したものであることがわかり、二科会はこの作品を会場から撤去した。同展では先に、一般公募で入選したタレントの朝比奈マリアさんの作品が雑誌に載った写真の模写とわかり、入選を取り消す騒ぎがあったばかりだが、今回は無審査で出展でき、しかも審査員を兼ねる会員の盗作だけに、会の幹部は対策に頭を抱えている。

問題の作品は絵画部会員の青柳三郎氏(六二)＝新潟大学教育学部教授、新潟市在住＝の油絵「女のあかり」（一〇〇号）。

元絵とされたのは「朝日旅の百科海外編№17 モロッコ・アルジェリア」（五十六年、朝日新聞社刊）に見開きで載っている二枚のカラー写真。

青柳氏の作品は、モロッコの女性四人と少年一人を描いたものだが、右の二人と少年はポーズ、衣服の色とも写真そっくり。真ん中の女性は、衣服は違うが少年の腕をとるポーズは写真と同じ。頭上に赤く染色した羊毛を配するなど、全体として

盗作を指摘された青柳三郎氏の「女のあかり」

「朝日旅の百科」に載ったカラー写真

図1-5　他人の写真を模写したとされた例 [017]

似ている彫刻

人物を題材にした具象彫刻は、ポーズのバリエーションに限りがあるのでどうしても似てしまいます。したがって具象彫刻についての盗作問題はほとんど聞きません。東京・江東区役所前の母子像（横山文夫作）によく似たものが他にもあるということで話題となりましたが、著作権的には問題ないと日本美術家連盟彫刻部会は判断したということです（読売 1982・6・6 23頁）。

一方、抽象彫刻はアイデアが勝負ですから、似ていると問題になります。1983年の日展で、坂田坦道の彫刻「メリーゴーランド」はイタリア人彫刻家セリジオ・カペリーニの作品に酷似しているとして撤去に追い込まれました（読売 1983・11・12 14頁）。坂田は、カペリーニの彫刻を参考にしたことを認めています。

横山文夫作「希い」018

大和作内作「平和母子像」019

図1-6　具象彫刻では類似ポーズも許容される

関連年表6

日付	新聞	記事概要
1983/11/19	読売	新進銅版画家山下哲郎の作品十数点は、タッド若松の写真集『イッピー　ガール　イッピー』の転写
1987/7/30	朝日	東京藝術大学准教授下田義寛が外国写真集や画集から図柄を盗用、辞職
1994/12/15	朝日	東京ベイヒルトンの風景画が前田真三の写真集『上高地』の作品と酷似
1998/9/17	朝日	長崎県美術展覧会入選した洋画が、自費出版された写真集の盗用
2004/2/26	朝日	『日本経済新聞』の連載小説『新リア王』の西口司郎による複数の挿絵が写真家富山治夫の作品等からの盗用
2014/11/1	朝日	日本画家の黒川雅子、画家坂根克介を舞妓の写真を盗用と提訴

8 音楽の類似と盗用

明らかなパクリ

沖縄出身のロックバンド、オレンジレンジのシングル『ロコローション』は、オリジナルとうたっていながら、キャロル・キングが作曲、カイリー・ミノーグが歌った『ロコモーション』そのものだとして問題になりました。実際「クモン ベーベ Do the ロコローション」はそのままです。ほかにも『オレンジボート』はハリー・ベラフォンテの『バナナボート』そのものです。これらについては、後にアルバムになったときに原曲作曲者を示してカバー曲扱いとなりました。

また2010年の上海万博のPRソングが、日本のシンガー・ソングライター岡本真夜の『そのままの君でいて』の盗作ではないかと問題になり、結局中国側が、岡本から使用許諾を得て使うことになりました。

似ている曲

有名なのは、山田耕筰作曲の『赤とんぼ』が、じつはドイツ民謡（ネーデルランド民謡）であり、シューマンの『ピアノと管弦楽のための序奏と協奏的アレグロ』でも「夕焼け小焼けの」とそっくりの部分があるとの指摘です。一度聞いてみてください。このことは吉行淳之介や石原慎太郎が書いて問題となりました（読売 1961・6・26 5頁）。

クラシックでもこのようなことは頻繁にあるようです。ブラームスの『ハンガリー舞曲』に対して、ハンガリーの作曲家が盗作だと訴えたという事件が知られています。この事件では、ブラームスは作曲でなく編曲だと主張したということです。

実際サビ部分が似てしまうことは、昔からしばしばあります。どこまで（何小節まで）似ていたらパクリかという基準はありません。それにしても『サザエさん』のエンディングとフルーツガム・カンパニーの『Bubblegum World』はよく似ています。YouTubeでは、「ミックス・パクリ曲」とか「似てる曲１００連発」などの動画があるので、覗いてみてください。当然ながら、偶然似てしまった曲が多いと思います。

音楽盗用の裁判例

音楽の盗用で裁判になったケースは日本ではあまりありません。

鈴木道明が作曲し、仲宗根美樹、越路吹雪、西田佐知子、アイ・ジョージ、和田弘とマヒナスターズなどが歌った『ワン・レイニー・ナイト・イン・トーキョー』はトニー・ベネットが歌った米国ヒット曲『夢破れし並木路』の盗作として訴えられ（読売 1965・6・25 14頁）ましたが、東京地裁では、盗作とはいえないとの判決でした（読売 1968・5・14 14頁）。二審の東京高等裁判所は、「既存の著作物と偶然に内容が一致し、類似したとしても、既存のものの内容をよく知らずに独自に作成した場合は、著作権を侵害したことにはならない。鈴木が『夢破れし並木路』をよく知っていたとの証拠はない」としました。これを複製の「依拠性」がないといいます。さらに最高裁は「二つの曲の旋律は似てはいるが、『ワン・レイニー・ナイト・イン・トーキョー』には独創部分もあり、同一でない」として、盗作ではないとの結論になりました（朝日 1978・9・7 7頁）。

もう一つの例は、作曲家小林亜星が服部克久の『記念樹』は自分のCMソング『どこまでも行こう』の盗作であると提訴した事件です（朝日 1998・7・30 14頁）。東京地裁は盗作ではないと判断しましたが（朝日 2000・2・19 34頁）、東京高裁で小林亜星が逆転勝訴（朝日 2002・9・6 15頁）、最高裁で確定しました（朝日 2003・3・12 37頁）。この場合は『記念樹』は『どこまでも行こう』に「依拠した」との判断でした。服部克久は、「ワイドショーの記者に対し、『ああそうか、この曲ねって感じ』と答えたことがあった。この発言が、『記念樹』の作曲者が『どこまでも行こう』の存在を知っていた、つまり盗作の機会があったことの証拠の1つとなったのだ」と小杉俊介弁護士が述べています[020]。

作曲家の小川寛興は、アニメーション『美少女戦士セーラームーン』の主題歌が、自作のヒット曲『さよならはダンスの後に』に酷似していることを発見、しかし裁判は行わず、日本音楽著作権協会作品審査委員会の答申を受け入れ、著作権使用料の一部を小川に分配することで合意したということです（朝日 1998・10・15 25頁）。

最近の例では、レッド・ツェッペリンの『天国への階段』の出だし部分がスピリットというバンドの『トーラス』の盗用であるとの訴えがありましたが、2016年6月23日のロスアンゼルス連邦地方裁判所の陪審員裁判で請求は棄却されました。陪審は、レッド・ツェッペリンがこの音楽を聞いていた可能性は認めましたが、コピーであるとは認めませんでした。この2つの曲を比べたYouTube のページもあるので聴いてみてください。たしかに似ているところもありますが、違うところもあるようで、判断はむずかしいところです。

音楽の類似はどこまで許されるか

作曲家宮川泰は、新聞のコラムで、自分が作曲したザ・ピーナッツの『恋のバカンス』はジャズの『素敵なあなた』に、いずみたく作曲の『夜明けのスキャット』はサイモンとガーファンクルの『サウンド・オブ・サイレンス』とそっくりとして、ある程度のヒントや下敷きはこの業界では当たり前、アイデアの貸し借りは仕方がない、と述べています（朝日 1981・3・25 9頁）。

ややこしいのは、自分が以前に作曲した曲を再利用してしまう場合で、著作権違反というわけではありませんが、道義的な問題はあるでしょう。古い記事ですが、『読売新聞』の「あんぐる」というコラムは、五木ひろしの『愛の始発』と森進一の『妹よ』（猪俣公章作曲）、東海林太郎の『泣き笑ひの人生』と田端義夫の『泣くな姑娘』（飯田景応作曲）、橋幸夫の『木曽ぶし三度笠』と小畑実の『愛染道中』（吉田正作曲）、都はるみの『白樺に涙あり』と水前寺清子の『天国の近く』（いづみゆたか＝市川昭介作曲）、などがあると書いています（読売 1976・2・24 5頁）。

お笑い芸人、ミュージシャン、俳優、コラムニストとして活躍するマキタスポーツはミュージシャンのものまねで有名ですが、『すべてのＪ・ＰＯＰはパクリである。現代ポップス論考』（扶桑社）

という本を書いています。筆者は音楽の素養がないので、解析の部分はほとんどわからないのですが、要はJ・POPというのは一種の工業製品であり、ヒット曲には、①カノン進行にのっとる、②ヒットする歌詞をちりばめる、③イントロ、メロディA、メロディB、サビ、を組み合わせる、④オリジナリティ、という4つの要素があると主張しています。

「カノン進行」とは17世紀にヨハン・パッヘルベルというオルガン奏者が発明したコード進行だそうで、マキタによれば、「ドシラソファミ」と下がって、また「ファソ」と上がり、これを繰返すというものです。YouTubeにある『カノン進行30曲メドレー』『カノン進行100曲メドレー』を聞くとなるほどと納得できます。これを聞くと、『翼をください』『負けないで』『少年時代』『島唄』『世界に一つだけの花』などがすべて同じコード進行であることがわかります。ヒットする歌詞とは、曲の対象とする季節やファンによって違いますが、J・POPでは「翼」「扉」「桜」「夢」「季節」「奇跡」などがキーワードだとのことです。マキタはこの理論に基づいて『十年目のプロポーズ』という曲を「製作」しています。

このように見ると、曲が似てくることには必然性があるのかもしれません。しかしマキタによれば、最後に重要なのは、聞く人の胸に響く「オリジナリティ」であるとのことです。たとえば前述の『十年目のプロポーズ』は、マキタ自身の奥様へのプロポーズというオリジナルな経験が反映されているそうです。

9 映画・演劇における盗用と翻案

『ライオン・キング』

ディズニーのアニメでミュージカルともなった『ライオン・キング』が手塚治虫の『ジャングル大帝』の模倣ではないか、という疑いはよく知られています。福井健策が『著作権とは何か』の中で詳しく説明していますが、次のような類似点を挙げています[021]。

①ジャングル（サバンナ）の王であった英雄的な父ライオンの悲劇的な死をきっかけに、息子である少年ライオンが流浪と成長の末、父の王国へ帰還してライバルである雄ライオンを倒して王となるストーリーが共通。

②『ジャングル大帝』アメリカＴＶ版の主人公の名はキンバ、『ライオン・キング』の主人公の名はシンバ（ただし「シンバ」はスワヒリ語でライオンの意味）。

③主人公を導く長老的な役回りのヒヒ（またはマンドリル）が登場する。
④主人公の友達として愛嬌ある二匹の動物が登場する。
⑤腰ぎんちゃく的なおしゃべりな鳥が登場する。
⑥『ジャングル大帝』の悪役は、黒髪の、左目が不自由なライオン（『ライオン・キング』では、黒髪の、左目に傷のあるライオン）。
⑦悪役の子分として、ハイエナの二人組（『ライオン・キング』では三人組）が登場する。
⑧主人公の幼馴染の雌ライオンが登場、成人して主人公の妻となる。
⑨王国を離れた主人公の許をこの雌ライオンが偶然訪れ、戻って王国を守るよう説得するシーンがある。
⑩冒頭、さまざまな動物が大挙してサバンナを進む（集まる）シーンがある。
⑪同じく、多数のフラミンゴがサバンナ上空を飛ぶシーンがある。
⑫王となった主人公が、高い岩の上に立つシーンがある。
⑬死んだ父が、雲となって主人公の前に現れるシーンがある。

これに対して、ディズニー側は、『ライオン・キング』は『バンビ』と『ハムレット』を下敷きにしたもので、『ジャングル大帝』のことは知らなかった、と反論しているそうです。この事件は、手塚プロ側が告訴を断念して現在にいたっています。

しかし、多くの漫画家はこれに不満を持っているようです。1994年8月には里中満智子など450人の署名を集め、この映画を配給しているブエナ・ビスタ・インターナショナルにメッセージを送っています（朝日 1994・8・20 12頁）。後述の『プリティ・ウーマン』や『ウェストサイド物語』、あるいは『荒野の用心棒』は、原作の舞台や人物を置き換え、新しい作品としていて楽しめますが、『ライオン・キング』の場合はまったく「そのまんま」というもので、筆者もこれは盗作といわざるを得ないと思います。

『ウェストサイド物語』

映画などでは、過去の作品のプロットを翻案して利用することが大変多いようです。たとえばミュージカル映画の古典『ウェストサイド物語』はシェークスピアの四大悲劇のひとつ、『ロミオとジュリエット』を下敷きにしています。『ロミオとジュリエット』における対立するベニスの家族を『ウェストサイド物語』では対立する若者グループに置き換えていますが、『ロミオとジュリエット』で有名なベランダでの愛の告白のシーンはそのまま再現されています。じつは『ロミオとジュリエット』自身も『ピュラモスとティスベ』というギリシャ神話の翻案だといわれています。いずれにしても、著作権はすでに切れていますから、翻案しても問題はありません。また元ネタを明示しなくても非難されることはありません。実際にミュージカル『West Side Story』のホームページを見ると、"Based on a Conception of Jerome Robins" とあるだけで、『ロミオとジュリエット』については触れていません。

『プリティ・ウーマン』

ジュリア・ロバーツの出世作となった『プリティ・ウーマン』は、オードリー・ヘップバーンの『マイ・フェア・レディ』の翻案と見ることができます。独身の学者（悪辣な実業家）が町の花売り娘（娼婦）をたわむれに拾って、貴婦人に教育しようとします。しかし女はそれが

図1-7　『ピュラモスとティスベ』[022]

単なる遊びと知って、逃げ出してしまいます。そのとき男は彼女を愛していることに気づき、迎えに行きます（かっこ内が『プリティ・ウーマン』における設定）。『プリティ・ウーマン』で、二人が正装してポロの試合を見に行くシーンは、『マイ・フェア・レディ』のアスコット競馬場のシーンとカメラのアングルまでそっくりです。

じつは『マイ・フェア・レディ』の原作は文豪バーナード・ショーの『ピグマリオン』で、クレジットにも“From a play by George Bernard Shaw”と記載されています。しかし『プリティ・ウーマン』のクレジットにはバーナード・ショーの名前はありません。なお『ピグマリオン』をネタにした映画はほかにも沢山あるようです[023]。

黒澤明

黒澤明監督の作品は海外でしばしば翻案されています。菊島隆三が脚本を書き、三船敏郎と仲代達也が出演した『用心棒』は、筆者の大好きな時代劇の傑作ですが、クリント・イーストウッドの初のマカロニ・ウェスタン『荒野の用心棒』（当時は『ひとにぎりの金のために』との題でした）に翻案されました。二組のならずものの対立に巻き込まれた一匹狼が途中瀕死の目にあいますが、最後に奇想天外な復讐をとげるというストーリーはまったく同じです。この場合は、『用心棒』を製作した東宝がイタリアの映画社に抗議しました（朝日 1964・12・11）。東宝によれば、イタリア側のプロデューサーから事後承諾を求める連絡があったことからも盗作の意図は明らかだとしています。これについてはイタリアのジョリイ・フィルム社が侵害の事実を認め、日本・台湾・韓国での公開権を黒沢・菊島両氏が保有すること、ジョリイ社は賠償金を払うほか、配給利益の15％を両氏に支払うことで合意しました（読売 1965・11・3）。

しかし、そもそも一匹狼がならずものたちの紛争に巻き込まれるというアイデアは、ダシール・ハメットの『血の収穫』が最初のように思われます。コンチネンタル探偵社のコンチネンタル・オブは対立する4組のならずものについたり離れたりしながら抗争を引き起こし、最後はならずものたちを全滅させせます。

プロットのディテールはかなり違いますが、黒澤明監督も『黒澤明語る』（福武書店）において、「『用心棒』の場合はハメットの『血の収穫』ですね」という聞き手・原田眞人の指摘に対し、「そうそう、あれはそうですよ。ほんとは断らなければいけないぐらい使っているよね」と答えています。[024]

しかし『血の収穫』を読んでみるとわかりますが、この小説は、一部銃撃戦のシーンなどもありますが、けっしてビジュアルではないと思います。黒澤監督の凄いところは、この小説をビジュアルで衝撃的なものに変えたところです。『黒澤明語る』では、映画の冒頭の有名な犬のシーンがどうして生まれたかについても語られています。

また、同じ黒澤明監督、仲代達也主演の『天国と地獄』は推理小説作家エド・マクベインの『キングの身代金』の翻案ですが、映画のヤマとなる身代金の受け渡しの部分は脚本の菊島隆三のまったくの創作と語っています。このプロットを作家三好徹が『乾いた季節』（河出書房新社）で盗用したと、映画を製作した東宝が発表しました（朝日 1963・2・20）。これに反発し三好は菊池隆三らを名誉棄損で逆告訴しました（朝日 1963・2・22）。さらに日本文藝家協会が、一方的な非難だと抗議しています（朝日 1963・3・8）。この事件は最終的には和解したようですが、『乾いた季節』はそのままお蔵入りとなり、再版はされていないようです[025]。

そのほかの盗用事件

映画や演劇の台本に小説を盗用する例は、過去にはしばしばありました。まったく断りなしに使ってしまう場合と、最初は利用の交渉をするのですが、それが破談になったとき、元の台本やプロットを使って他人に書かせるということがおきます。

1908年には、明治座で上演された小島孤舟作『みじか夜』は泉鏡花の「湯島詣」の変造であると、非難された例があります（読売 1908・8・19）。

1935年には新興キネマの映画『国を護る者日蓮』（佐藤楫之介原作）が磯村野風の著作の盗用であると訴訟を起こされました（朝日 1935・3・30）。同社は同じ年、徳富蘆花の「漁師の娘」を『恋の浮島』と題して製作・上映し抗議されています（朝日 1935・6・28）。

溝口健二監督製作の『露営の歌』という映画が、後から製作に入り先に公開された曽根千雨監督の『女は嘆かず』にプロットを盗まれたという事件がありました。この話のとんでもない点は、この二つの映画が同一映画社新興東京社のものであったという、ちょっと信じられない話です（読売 1938・2・18）。

時代劇作家として有名な長谷川伸は、こんなことをいっています。「興行者側の有力者が、作家に、注文新作の梗概をはなした。その作家は気がついて、それは長谷川伸の何々ではありませんかと聞いた。有力者はそのとき些かも動ぜずして、曰く、つまり長谷川伸の物を原作として新作するのだ」と（朝日 1936・9・5 東京）。

なお長谷川伸はこのようにもいっています。「地方公演の芝居では、新派なら何でも彼でも菊池寛とし、世話物ならば長谷川伸作とするのが多いそうで、（中略）私の作の「関の弥太ッぺ」の如き、続編など書いたことも無いのに、「後編関の弥太ッぺ」というのがある由」。

プロット盗用との告発

ある作品が映画などで有名になると、かならず自分のプロットを盗用したと告発する人がいますが、なかなか盗用と認められる例は少ないようです。

米国の作家アレックス・ヘイリーが黒人家族の歴史を書いてベストセラーとなり、映画にもなった小説『ルーツ』について、ミシシッピ州ジャクソン州立大学の黒人問題研究室長であるマーガレット・アレクサンダーが、自分の著書『ジュビリー』の盗作だと告訴しました（朝日 1977・4・23）。翌年1978年9月21日に、ニューヨーク連邦地方裁判所で盗作ではないとの判決が下りました（読売 1978・9・22）。

なお、この事件と同じ年の12月、今度は作家ハロルド・クアランダーの『アフリカン』からの盗用があることが判明、ヘイリーは謝罪しました（読売 1978・12・15）。

プロットではなく、アイデアの盗用に近いものとして、元朝日新聞記者木内宏が著作『ブダペスト悲歌』（新潮社）、『北の波濤に唄う』（講談社）などの中で、「江差追分の源流はウラル地方にある」とする仮説を打ち出していたのに対し、NHKが『ほっかいどうスペシャル・遙かなるユーラシアの歌声』と題する番組を製作、木内の著書を無断で翻案し、著作権を侵害したとして東京地裁から賠償を命ぜられた事件があります（朝日　1996・10・1　33頁）。

10 漫画に見られるトレース疑惑

最近多い劇画風の漫画は、新聞漫画などの四コマ漫画と違って、登場人物の動きや背景などがリアルで、実際にスケッチするか、写真を撮って参考にしないとなかなか描けないものが多いようです。そこで、ついつい他人の漫画のコマや、他人の写真をトレースして使ってしまう事件が発生します。

この件で初めて問題になったのは、1977年、『少年マガジン』掲載、梶原一騎原作かざま鋭二作画の「火乃家の兄弟」で『画集大日本帝国海軍戦史』に掲載されたペン画を下絵として盗用したケースです（朝日　1977・11・16　10頁）。かざまは「忙しくてついアシスタントが描いた」と述べています。

最近問題となったものとしては、講談社は末次由紀の『エデンの花』の中に、井上雄彦の『スラ

図1-8　トレース盗用の例 026

ムダンク』『リアル』に含まれる描写の盗作が多数見つかったとして、末次の単行本25点を回収・絶版としました（朝日 2005・10・19 38頁）。これはインターネットの掲示板の投稿で発覚したものです。

「トレース疑惑」でネット検索すると、いろいろな例が載っています。トレースといっても若い人は知らないかもしれません。昔は絵や図をコピーするときは、絵の上に半透明の紙（トレーシング・ペーパー）を置いて、鉛筆でなぞったのです。今はトレースとはいっても実際はスキャナと作画ソフトを使って一発だと思います。そのほかにも『マガジンドラゴン』に掲載された豪村中の『メガバカ』は、大場つぐみ&小畑健の『デスノート』（集英社）のコマなどを沢山トレースしていますし、末次由紀の『100%の君へ！』（講談社）では、タレント安倍麻美の写真がほぼそのままトレースされています。

新聞に取り上げられたトレースや盗用問題には関連年表7のよ

関連年表7

日付	新聞	記事概要
1991/11/7	朝日	かわぐちかいじ『沈黙の艦隊』の劇画に写真家柴田三雄の写真流用
1992/4/16	朝日	『週刊モーニング』の「ぼくの村の話」は小関与四郎の写真集『成田国際空港』からトレース
2015/12/31	朝日	徳島県護国神社に飾られた「ジャンボ絵馬」の猿は週刊『少年ジャンプ』の漫画『トリコ』のキャラクター「猿王・バンビーナ」の盗用

うなものがあります。

11 キャラクターや商標の盗用

キャラクターとは漫画やアニメーションなどに登場する人物や動物、ロボットや怪獣、そのほかの生物などのことを指します。

酒井雅男の『「知らなかった」ではすまされないデジタル時代の著作権最新Q＆A』（ユーリード出版）によれば、キャラクター自体が著作物になるかということに関して、現行の著作権法には、明確な規定がない、キャラクターそのものには著作物性はない、と書いています。ただし、キャラクターが登場する漫画やアニメの作品そのものは、著作物として保護されています。キャラクターは著作物としての作品を構成する一部分であるため、著作権の侵害にならないか検討する必要があります。

「ミッフィー」「キャシー」事件

ディズニーを代表とするキャラクター・ビジネスは、年間何千億もの利益を上げており、コピーにはきわめて厳格です。サンリオのキャラクター「キャシー」が、ディック・ブルーナのキャラクター「ミッフィー」のパクリだとオランダで裁判になり、サンリオに生産停止命令が出た事件がありました（朝日 2010・11・4 35頁）。この事件は、東日本大震災をきっかけに双方が和解し、裁判費用を震災復興に寄付するということになりました（週刊朝日 2011・6・24 137頁）。

オリンピック・エンブレム問題

2015年最大の話題となったのは2020年東京オリンピックのエンブレム問題です。デザイナーの佐野研二郎は著名なデザイナーで、トヨタ自動車の ReBORN キャンペーンや au の LISMO のデザインを手掛けてきました。

2015年7月24日、東京オリンピック・パラリンピック組織委員会より、佐野のデザインによる公式エンブレムが発表されました（朝日 2015・7・25）。そのわずか数日後、ネット上でベルギー・リエージュ劇場のロゴと類似していると指摘されました。

デザインを行ったオリビエ・ドビは、当初『朝日新聞』の取材に「友人の指摘で気づいた。たしかに似ている。今のところ法的手段に出ることは考えていないが、五輪エンブレムの制作者にロゴを見た感想を聞いてみたい」と話した（朝日 2015・7・30）と、きわめて抑制的な反応を示しましたが、31日には一転して、著作権侵害であるとして、使用中止を求める申立書を国際オリンピック委員会（IOC）に送ったと発表しました。こうして一挙に問題が重大化しました。

佐野と組織委員会は一貫して著作権的には問題ないという姿勢ではねつけようとしました。リエージュ劇場がこのロゴを商標登録していなかったことも強気の原因でした。実際弁護士などの意見も、裁判をすれば佐野側が勝てるとの観測が多かったように思います。

ところが8月に入り、佐野の事務所が作成したサントリー社のトートバッグ・プレゼントのデザインにネットにあったフランスパンの画像を無断で使用したとの疑惑が持ち上がりました。

佐野は事務所スタッフによる盗用を認め、謝罪しましたが、これが火に油を注ぐ結果となりました。決定的となったのは、8月28日に組織委員会が選考過程を説明するために示した使用イメージ画像です。空港施設にエンブレムが高く飾られている画像ですが、背景の空港画像が他人のブログに掲載されていた写真だったのです。

またもう一つの使用イメージ画像の背景も、渋谷のスクランブル交差点画像と野外音楽フェステ

図1-9　佐野研二郎デザインのトヨタ自動車（左）[027] と
LISMO（右）[028] のロゴ

図1-10　佐野研二郎によるオリンピックエンブレム（左）と
リエージュ劇場のロゴ（右）[029]

図1－11　佐野研二郎事務所デザインのトートバッグ（左）と元画像（右）030

図1－12　佐野研二郎の五輪プレゼン資料（左）とオリジナル画像（右）031

イバルの写真の盗用・合成でした（朝日 2015・9・1）。

これら自明な著作権侵害が次々出てきたため、佐野は採用辞退に追い込まれ、組織委員会もこのエンブレム・デザインの使用中止を決定せざるを得ませんでした（朝日 2015・9・2）。その過程で、エンブレム選考過程における組織委員会幹部の過剰な介入も問題視されました（朝日 2015・8・26）。またこの間、佐野が教授を務める多摩美術大学もネット攻撃の対象となり、学生の就職にも影響したといわれています[032]。

本事件では著作権侵害の可能性は低いと考えられるのに、少数の組織者がネットを煽り、それにマスコミが乗って囃したとも指摘されています。2015年9月2日付の『朝日新聞』によれば、組織委員会が使用中止を決定すると「お前ら大勝利！」「ぐっじょぶ」などの書き込みが「2ちゃんねる」にあふれたとしています。これはネットユーザとマスコミによる現代的なリンチ（私刑）ともいえるもので、社会学的に深く検討する必要があると思われます。

「パクリデザインまとめ【佐野研二郎】」と称するサイトには、疑惑のデザインが多数紹介されています。挙げられた例の中には、「秋田県横手市のうちわ展チラシ」などたしかに似ているなと思われるものもありますが、前述の au LISMO のデザインも iPod + iTunes のパクリといわれると[033]、さすがにこじつけではないかとも感じます。

デザイン関係者は、シンプルなデザインはどうしても似てくるものとし、魔女狩りのようなパクリ非難は、シンプルなデザインを全否定するものだと懸念する声もあります[034]。

『龍馬伝』題字事件

2010年のNHK大河ドラマ『龍馬伝』の題字に対し、京都の商業書道家上坂祥元が盗用であると訴えた事件です（朝日 2001・9・23 34頁）。2012年3月の京都地裁は、「英文字と漢字を組み合わせて配置することはごく一般的でありふれたもので、とくに個性的とはいえない」と著作性を否定し、NHK側の勝訴となりました（朝日 2012・3・29 33頁）。

図1－13　『龍馬伝』の文字デザインのスタイルが自分のスタイル（左）の真似だと提訴 035

そのほかのデザイン盗用事件

そのほか、関連年表8にあるようなデザイン盗用事件が報じられています。

Google Image Searchの威力

なお佐野事件で注目されたのは、多数のネットユーザが検索し、似た画像を瞬時に見つけ出した力です。この検索にはGoogle Image Searchが使われたと見られています。確かにGoogle検索の威力は大きいようです。図1-14に示していますが、たとえば輪が3つつながったAのような絵で検索すると、ただちに、

関連年表8

日付	新聞	記事概要
1950/11/25	朝日	京都日展のポスターは二科展のポスターの盗用
1966/7/11	読売	「第九回国際ガン会議」記念切手がアメリカ人デザイナーの作品に酷似
1966/9/6	朝日	「二科展」の入選作がアメリカの女性雑誌『Seventeen』の表紙デザインの盗作
1967/9/8	朝日	福井国体のポスターはオリンピック写真の裏焼き
1973/11/12	読売	繊維デザインコンクールの金賞デザインは盗作、中学教師訴える、上下逆の構図
1980/4/14	読売	相鉄不動産会社のポスターは米国ソール・バスの映画のタイトルバックの盗用
1982/4/27	朝日	自民党の入党勧誘ポスターが版画家愛嘔の「小鳥二羽」の盗作、業者は図鑑からヒントと主張
1990/5/20	朝日	埼玉県警のポスターは人気漫画キャラクターの盗用
2005/7/5	朝日	兵庫県豊岡市が公募で選んだ市章が沖縄の医療法人のシンボルマーク模倣
2012/9/12	朝日	「神戸アートウォーク」ポスター・パンフのイラストが米国ゼリー会社のポスターの盗作と判明

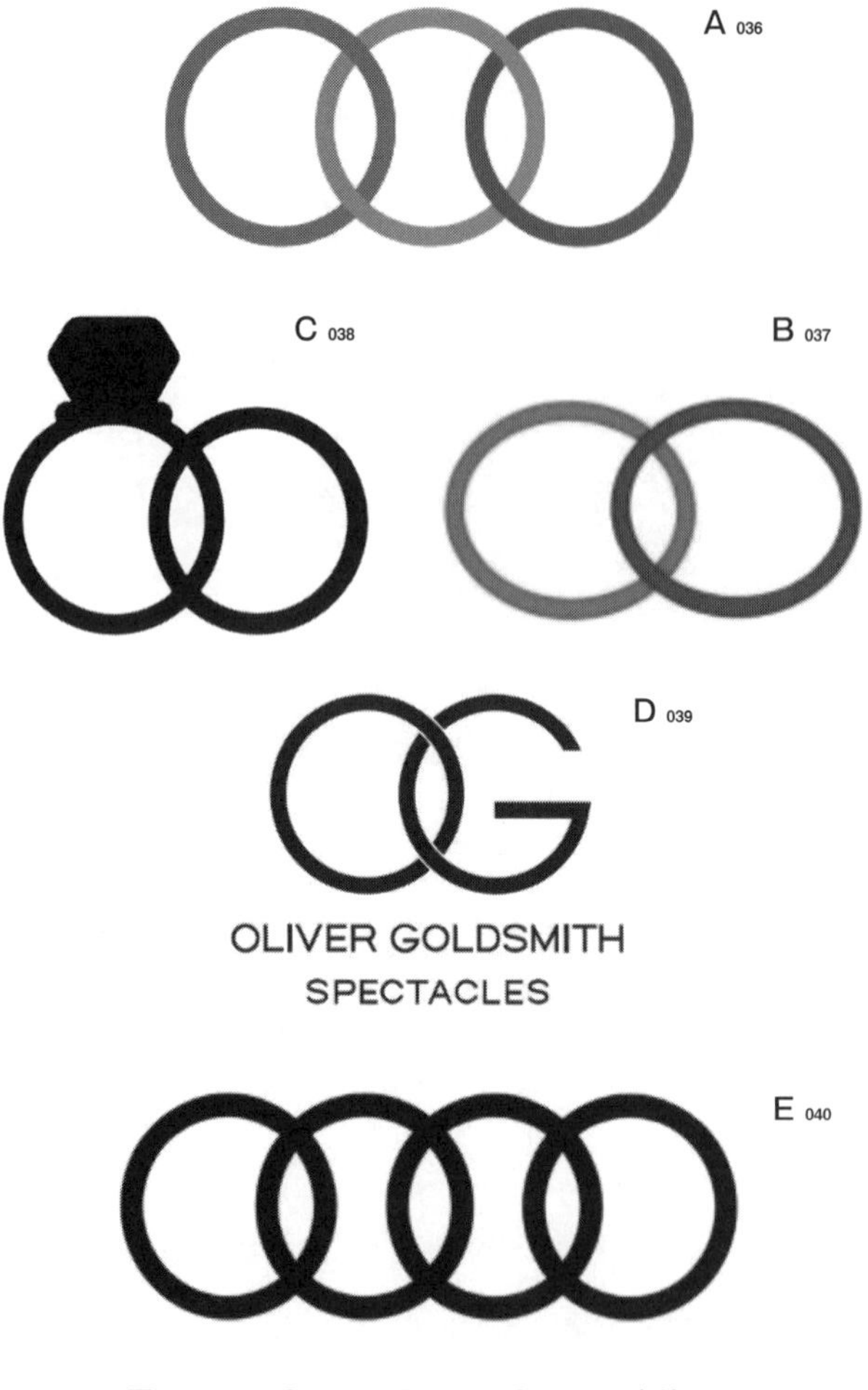

図1－14　Google Image Searchを使って
輪3つの重なり（A）で検索した結果

この画像そのもののほか、B、C、D、著名な自動車メーカー・アウディ社のロゴEも検索されてきます。

類似商標の検索も、これまでは人がコツコツ調べていたものが、このように、類似デザインが容易に判別できる時代となりました。小保方STAP細胞事件でも画像の盗用がネットで発見されました。デザイナーや企業のリスクが一段と高まったということができそうです。

商標

商標で争った例としては、キリンビールとサッポロビールの「ラガー戦争」が知られています。これはサッポロビールが2002年に発売開始した発泡酒「ファインラガー」のデザイ

サッポロビール「ファインラガー」のデザイン 041

キリンビール「キリンラガー」のデザイン 042

図1-15　商標で争った「ラガー戦争」

ンがキリンラガーと酷似しているとして訴えられた事件です。これはサッポロが同年7月に生産を中止したので、係争は終了しました（朝日2002・7・24 11頁）。一般論ですが、商標の場合、話題を盛り上げるための出来レースもあるのではないかと邪推しています。

産業デザイン

これまで、大量生産される実用品のデザインは、著作権法でなく意匠法で保護されるというのが通念でした。登録が不要で、著作者の死後50年の長期間にわたって保護される著作権に対し、意匠は登録料が必要で、製造が中止されれば消滅にいたります。したがって、同業者も過去に見捨てられたデザインを再現して模倣する

図1-16　著作権が認められた「トリップトラップ」椅子 043

ことは何の問題もありませんでした。

しかし２０１５年４月、知財高裁は、ノルウェーの幼児用椅子「トリップトラップ」（筆者も愛用しました）にはデザイナーのオプスヴィックの個性が発揮されており、著作物であるとの判断を示しました（日経 ２０１５・10・５ 15頁）。これは著作権の解釈の大きな転換です。今後実用品の模倣が困難になることが予想されます。エルメスなどブランド品業者は歓迎する向きですが、一方で実用品に対して保護期間の著しく長い著作権が適用されると、たとえば過去に流行った衣服のデザインを今に活かすことなどが困難になり、優れた製品の開発がむずかしくなる恐れも指摘されています。

12 コピペの対象ウィキペディアについて

筆者が学生のころ、ゼロックスのコピーは１枚25円でした。当時は大学卒の初任給がやっと３万円になったころですから、今なら２５０円以上ということになります。それまではコピーといえば、リコピーと呼ばれた湿式ジアゾ複写機（青焼き）で、しばらくすると色があせて読めなくなるものでした。したがって、ゼロックス式複写機は神様のように思えました。

しかし、複写物はあくまで読んだり保存したりするためのもので、パソコンがないその時代には原稿を書くときは手書きでしたから、当然コピペということばはありませんでした。

コピペということばが、パクリの意味で使われるようになったのは、インターネットが普及してからのことだと思います。とくにウィキペディアが出現してから、ネット・コピペが本格化したのではないでしょうか。ウィキペディアのコピペの例をいくつか紹介します。

国際建設技術協会事件

国際建設技術協会という国土交通省系の社団

図1－17　国際建設技術協会報告書を追及する民主党馬淵議員（当時）[044]

法人が、道路特定財源から海外の道路関係情報などに関する調査を９２００万円で随意契約受注しましたが、たった３か月で報告書を作成し、しかもほぼ半分は世界銀行などのデータの引用、アメリカの地図や道路の法定速度など、ウィキペディアの流用とみられる部分も４～５か所見つかりました。また、「北京の特徴を十分に反応すること」など、インターネット上の文書を自動翻訳したとみられる意味の通じない部分もあったとして民主党の馬淵澄夫議員から追及を受けました（朝日２００８・２・22　４頁）（週刊朝日　２００８・３・14　128頁）。

大田区議会視察報告書事件

東京都大田区議会は、２００６年10月に米国マサチューセッツ州のセーラム市に親善訪問・行政視察を行いました。その報告書が区のサイトに載っていますが、そのうち自民党鈴木章浩議員のボストン美術館についての報告部分が、ウィキペディアの丸ごとコピーであったとして問題になりました。

この議員の名前にハッと思った人はいませんか。彼は今は東京都議ですが、２０１４年６月18日にみんなの党の塩村文夏議員に「お前が早く結婚すればいいじゃないか」とヤジを飛ばしたとして、あとから名乗り出たその人です（朝日　２０１４・６・20　39頁）。

ボストン美術館

団員　鈴木章浩

ボストン美術館(Museum of Fine Arts,Boston)は、アメリカ合衆国マサチューセッツ州ボストン市にある、世界有数の規模をもつ美術館である。

館名の英語表記は'Museum of Fine Arts, Boston'であり、'Boston Museum of Fine Arts'ではないことに注意したい。つまり、「ボストン美術館」というよりは「ボストンの美術館」という語感に近い。

ボストン美術館は 1870 年地元の有志によって設立され、アメリカ独立百周年にあたる1876 年に開館した。王室コレクションや大富豪のコレクションが元になった美術館と異なり、ゼロからスタートし、民間の組織として運営されてきたという点は、ニューヨークのメトロポリタン美術館と類似している。所蔵品は 50 万点を数え、「古代」、「ヨーロッパ」、「アジア、オセアニア、アフリカ」、「アメリカ」、「現代」、「版画、素描、写真」、「染織、衣装」および「楽器」の 8 部門に分かれる。エジプト美術、フランス印象派絵画などが特に充実している。

仏画、絵巻物、浮世絵、刀剣など日本美術の優品を多数所蔵し、日本との関係が深いことでも知られる。20 世紀の初めには、岡倉天心が在職しており、敷地内には彼の名を冠した小さな日本庭園「天心園」が設けられている。

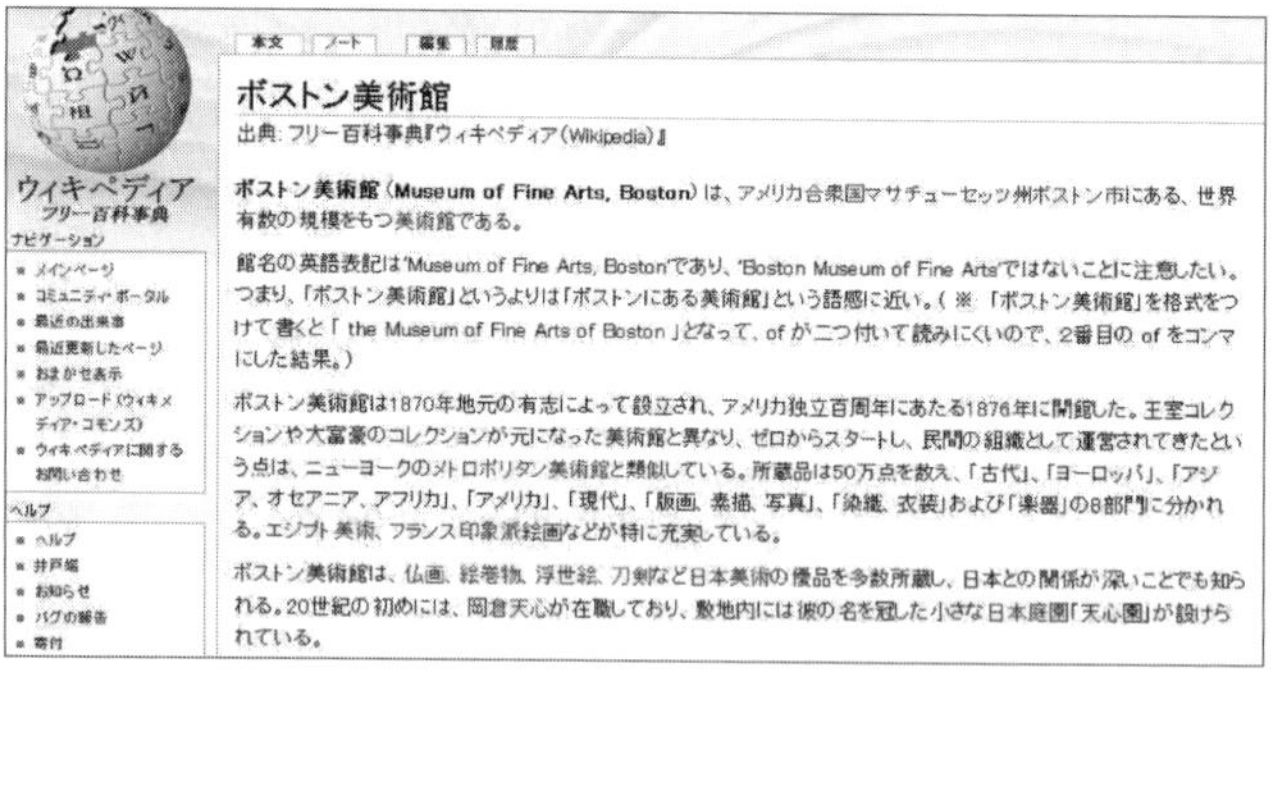

本文　ノート　編集　履歴

ボストン美術館

出典: フリー百科事典『ウィキペディア（Wikipedia）』

ボストン美術館（**Museum of Fine Arts, Boston**）は、アメリカ合衆国マサチューセッツ州ボストン市にある、世界有数の規模をもつ美術館である。

館名の英語表記は'Museum of Fine Arts, Boston'であり、'Boston Museum of Fine Arts'ではないことに注意したい。つまり、「ボストン美術館」というよりは「ボストンにある美術館」という語感に近い。（※ 「ボストン美術館」を格式をつけて書くと「 the Museum of Fine Arts of Boston 」となって、of が二つ付いて読みにくいので、2番目の of をコンマにした結果。）

ボストン美術館は1870年地元の有志によって設立され、アメリカ独立百周年にあたる1876年に開館した。王室コレクションや大富豪のコレクションが元になった美術館と異なり、ゼロからスタートし、民間の組織として運営されてきたという点は、ニューヨークのメトロポリタン美術館と類似している。所蔵品は50万点を数え、「古代」、「ヨーロッパ」、「アジア、オセアニア、アフリカ」、「アメリカ」、「現代」、「版画、素描、写真」、「染織、衣装」および「楽器」の8部門に分かれる。エジプト美術、フランス印象派絵画などが特に充実している。

ボストン美術館は、仏画、絵巻物、浮世絵、刀剣など日本美術の優品を多数所蔵し、日本との関係が深いことでも知られる。20世紀の初めには、岡倉天心が在職しており、敷地内には彼の名を冠した小さな日本庭園「天心園」が設けられている。

図1-18　大田区議会視察報告書のボストン美術館の記事（上）[045]はウィキペディア（下）[046]からのコピペ

なお、このような事件が起こると、その証拠となる文書は早々に隠して、歴史の隠滅をはかる組織が多いのですが、大田区議会は8年たった今でもちゃんと証拠を残している点が評価できます。

静岡新聞「大自在」事件

2007年6月29日付『静岡新聞』のコラム記事「大自在」は、宮沢喜一元首相の死去についての話の中で、「七〇年代の外務大臣在任時、旧ソ連の古強者グロムイコ外相との北方領土交渉では、のらりくらりと話をはぐらかすのに業を煮やし、恫喝して席に着かせたという伝説もある」と書きましたが、じつはこれはウィキペディアの記述を出典を明示しないまま引用していたことがわかり、静岡新聞社は謝罪しました（静岡 2007・7・5）。筆者は、出典を記載しなかったことも問題だが、そもそもウィキペディアの記載を信用して新聞で使うのはもっと問題である、と指摘しました（図1－19）。

大自在

戦後日本を代表する政治家の一人、宮沢喜一元首相が死去した。八十七歳。二十三歳のとき、沼津税務署長として赴任するなど静岡県ともゆかりがあった▼エリート官僚だった宮沢氏が政

私の視点
siten@asahi.com

愛知大教授（図書館情報学）
時実《ときざね》　象一《そういち》

◆ウィキペディア　安易な引用はやめよう

7月5日付の各紙は、静岡新聞がコラム記事「大自在」において、インターネットの無料百科事典「ウィキペディア」の記述を出典を明示しないまま引用していたと報じた。亡くなった宮沢喜一元首相についてのエピソードを紹介する際、ウィキペディアに記載されていた内容をそのまま用いたという。

ウィキペディアは、米国のジミー・ウェールズ氏が01年に創設した。「誰でも執筆でき、誰でも編集や修正・加筆ができる」という点が特徴だ。執筆や編集するために何の資格も登録も必要ないし、ほとんどの執筆者が匿名またはペンネームである。

書きたい人が自由に執筆するので記事の数は急激に増加し、英語版は約190万件、日本語版でも市販の百科事典の数倍にあたる39万件余に達している。執筆された記事に誤りや虚偽があれば、見つけた人が修正するので、次第に内容の正確性が高まっていくという好循環が実現している。

しかしウィキペディアの使い方には議論がある。多くの人の目に触れる項目では、誤りがあれば直ちに修正されるが、それほど関心をもたれない記事では、誤りや虚偽があっても長期間にわたって放置されることは十分ありうるからだ。

昨年の12月、米国バーモント州ミドルベリー大学の日本史教授ニール・ウォーターズ氏は、学生の試験解答を見て、まったく同一の誤った記述が数多くあることに気づいて驚いた。それはウィキペディアの誤った記述の引き写しだったのである。事件に怒ったウォーターズ教授は以後、学生がウィキペディアから引用することを禁じたという。

このような考え方については、ウィキペディア自身が賛成している。米サンタクルス・センティネル紙（電子版）において、ウィキペディアの広報担当であるサンドラ・オルドネス氏は「学生はウィキペディアで見つけた情報については出典に当たって調査すべきである。ウィキペディアを引用することは好ましくない」と述べている。

ウィキペディアに限らず、インターネットからの引き写し（学生はこれをコピペ、つまりコピー・アンド・ペーストと呼んでいる）は教育現場に蔓延している。図書館で参考図書を広げ時間をかけて調べるかわりに、ウィキペディアからちょっとコピーすれば、あっという間にリポートができあがる。

だが、学校で書くリポートや論文で提出する報告書に記載する情報は信頼性が第一だ。信頼性とは、追跡可能性であり検証可能性である。すなわちその情報やデータの出所が示されることだ。それにより、必要な場合に生のデータや執筆者・発言者に当たることも可能となってくる。

教師は学生・生徒のインターネット乱用の現状を認識し、ウィキペディアを含むインターネットの情報については、「利用はするが引用はしない」ことを徹底していただきたい。誰かがおぜん立てした情報に頼るのではなく、自分の目と頭で調べて考えることが、創造性や自立した判断力を育てるはずである。

図1－19　『朝日新聞』（2007年7月24日）に掲載された筆者の「私の視点」[047]

界に転身したのは一九五三年、池田勇人氏の強い勧めによるものだった。その二年前にはサンフランシスコ講和会議にも出席しており、高度経済成長をリードしてきた戦後政治の「生き証人」だった▼首相になったのが七十二歳と遅かったのは、外見は穏和そうな印象を与えるが、実は負けず嫌いで毒舌家でもあり、多くの反感を買ったためとも言われている。七〇年代の外務大臣在任時、旧ソ連の古強者グロムイコ外相との北方領土交渉では、のらりくらりと話をはぐらかすのに業を煮やし、恫喝《どうかつ》して席に着かせたという伝説もある（後略）。

お詫び「大自在」で不適切な引用

静岡新聞の六月二十九日付朝刊一面コラム「大自在」が、インターネットの百科事典サイト、ウィキペディアの文章に極似しているという指摘を受けました。これまでの社内調査で、執筆した記者がウィキペディアを参考にし、出典を明示しないまま引用していたことが分かりました。

引用していたのは「（宮沢喜一元首相が）七〇年代の外務大臣在任時、旧ソ連の古強者グロムイコ外相との北方領土交渉では、のらりくらりと話をはぐらかすのに業を煮やし、恫喝して席に着かせたという伝説もある」の個所と、サンフランシスコ講和会議五十周年式典での宮沢氏のスピーチを「日米関係の二十一世紀への遺言」とした個所です。

記者はこのエピソードが広く知られたことと思い込み、引用の出典を省いてしまいました。指摘を受けるまでもなく不適切な行為で、読者と関係者の皆様におわび申し上げます。

静岡新聞社

ウィキペディアのコピーは、単に盗用というだけでない問題があります。ウィキペディアの記事はほとんどが匿名記事ですから、そこに記載されていることの信頼性が担保されていません。タレントなどの記事には、しばしばうわさ話やまた聞きと思われる文章があります。前述『ロコローションン』の記事にも「YOH は YAMATO の友達に何度か『暑くないか? 大丈夫か?』などと心配していたという」といった、出典が明らかでない記述があります。

ウィキペディアでもタレント記事やおたく系の記事でなく、専門家による学術的な記事なら大丈夫だろう、と思われるかもしれません。しかし、学術や科学技術などの専門的な記事の場合、最初に書いた記事が他の人によって直されることはほとんどありません。つまり、最初に科学的にまちがった記事があればいつまでも残っています。ウィキペディアに、一時「ビコリム戦争（Bicholim conflict）」という記事が載っていました。これはインドにおける植民地戦争についての記事とされていましたが、じつはまったくの捏造でした。しかし、誰も気づかないまま、5年も放置されていました[048]。ちょっと専門的になりますが、化学物質「ジフェニルメタン」の記事では、融点（氷が水になるように融ける温度）が22～24℃なのに、無色液体である、とのとんちんかんな記述がありました（2014年4月現在、指摘した結果、その後訂正されています）[049]。

このように、ウィキペディアの記事の本文をそのままコピペ・引用するのは危険です。そこに参照されている文献やウェブサイトを確認し、そちらを引用してください。慶應義塾大学総合政策学部准教授の新保史生も、『アエラ』の記事で、「ただ、ウィキだけで判断してしまうのは、情報精査として危うい。ウィキはあくまで情報ソースの一つ。複数の情報を集めて照合しようとしないことの方が、心配です」と述べています[050]。

13 事件になる政治家や役所のコピペ

ウィキペディアに限らず、政治家のコピペ事件はときどきあります。新聞で報じられている多くは海外視察報告書です。

民主党都議視察報告書事件

民主党の東京都議が2008年に南米視察を行い、その結果を「平成18年度海外調査報告書（サンパウロ、フォース・ド・イグアス、クリチバ）」に発表しました。ところがその報告書の「5. ブラジルにおける環境・エネルギー政策」は、日本貿易振興機構（JETRO）大岩玲の論文「世界の注目を浴びる　ブラジルのサトウキビ・エタノール」の、ほぼ丸写しだったことが判明しました（朝日2008・9・5 34頁）。民主党は、「引用文献との記載を忘れた」と弁解しましたが、そこには「最後に、本調査を総括する形で、ブラジルにおける環境・エネルギー政策について概観的に論じてみたい」とあるように、自らの執筆のように見せかけていたことは明らかです。なお現在民主党のサイトにある報告書には、該当部分がありませんが、インターネット・アーカイブの「Way Back Machine」で探すと元の記事が見つかります。

さらにいえば、問題発覚当時は、

以下の部分に、大岩 玲（日本貿易振興機構 JETRO 海外調査部中南米課）氏の論文を、一部修正の上、出典を記載せぬまま掲載してしまいました。大岩様をはじめとしたJETROの皆様、日本ブラジル中央協会の皆様、都民の皆様に心よりお詫び申し上げます。
と明記してありましたが、現在はお詫びのことばも削除され、頬かぶりのつもりのようです。

自民・公明都議の米国視察報告書事件

２００６年2月に東京都議会自民党と公明党9議員が米国のシカゴ、ニューヨークなど4市を訪問した「調査報告」において、そのうちニューヨークに関する部分が、日本都市計画学会の『都市計画』に掲載された論文のコピーであると２００８年に共産党によって指摘されました（日経 ２００８・10・3 39頁）。該当部分を執筆した、当時の都議坂本健（現板橋区長）は、文献は末尾に記載されており、悪意ではないと釈明しました。しかし、報告書本文中に引用であることの表記はなく、自分の見解のように書かれていました（朝日 ２００８・10・4 31頁）。

なぜこのようなことが起こるのかを考えてみると、地方議員の視察というのはそもそも既得権化した物見遊山であり、もともと一生懸命調査しようという意識がないのではないかと思われます。したがって、実際にはほとんど調査も形式的であり、報告書も旅行会社の通訳などが代筆していると考えられます。旅行会社が準備したウィキペディア、そのほかの参考資料を、あたかも自分の調査結果のように使ってしまった結果だと思われます。

民主党山岡議員事件

民主党の山岡賢次衆議院議員が、栃木県真岡市長から学習塾経営会社ニューワールドを経由して不透明な資金を受け取ったと2009年に問題になりましたが、このニューワールドが市長に提出した顧問業務報告者5部のうち、少なくとも4部は他人の文章の無断転載であったと報道されました。盗用されたのは、舛添厚生労働相（当時）や慶應義塾大学教授らだとされ、誤字・脱字もそのままだったとのことです（朝日2009・1・24 33頁）。

たとえば、「医療の合理化と医療レベルの維

関連年表9

事件名／新聞 日付	記事概要
減税日本海外調査報告書事件 読売 2014/7/3 中部 p.29	知人に委託した海外調査の報告書が、農林水産省の報告書などと酷似
福岡市議海外視察報告事件 朝日 2012/5/12 p.9	報告書の中のリバプール市の記述などがウィキペディアからのコピペ
福岡市議海外視察報告事件 朝日 2012/5/19 p.30	ニュージーランド視察報告が、ネット上の論文やウィキペディアからの引き写し
公明党大分県県議事件 朝日 2011/8/12 p.7	セミナの報告書が、セミナ案内文や主催者ブログの丸写し
伊万里市議視察報告事件 朝日 2011/1/15 p.35	議員3名の北海道などの視察報告書がネットや視察先の資料からの切り貼り
大分県議会県外視察事件 朝日 2010/10/21 p.9	県外視察の報告で、ネットの旅行案内サイトから盗用。執筆は事務所職員
福岡県議海外視察事件 朝日 2009/5/2 p.30	報告書がウィキペディアや農林水産省サイトの丸写し。事務局職員が肉付け

持について」は舛添厚生労働相がホームページに掲載した論文、「日本の医療制度の現況について」は慶應義塾大学教授の池上直己の講演要旨、「人権を守る医療活動と医療・経営構造の転換の課題について」は宮城県の宮城厚生協会の水戸部秀利理事長の論文、「医療の市場原理・効率化について」は青森県の整形外科医のレポートと同一でした。

防災対策プラン

瀬戸市が2015年にまとめた「地震対策アクションプラン」が近隣の豊橋市のプランのコピペだと市議から指摘がありました。実際地方自治体の各種プランは、政府のたたき台やほかの市町村のプランの引き写しが多いようです。専門家の少ない地方自治体において、ゼロからそうしたプランを作成することは容易ではありません。そもそも政府や自治体のこうした文書には著作権は存在するものの、著作権法32条2項において、次のようになっています（米国では連邦政府の著作物には著作権はありません）。

国若しくは地方公共団体の機関、独立行政法人又は地方独立行政法人が一般に周知させることを目的として作成し、その著作の名義の下に公表する広報資料、調査統計資料、報告書その他これらに類する著作物は、説明の材料として新聞紙、雑誌その他の刊行物に転載することができる。ただし、これを禁止する旨の表示がある場合は、この限りでない。

したがって、豊橋市のプランを無断で利用することは差支えなく、また役に立つことです。問題はその出典を明らかにせず、あたかも自分が作成したように見せかけた点です。

14 教育現場におけるコピペの意識

小中学生高校生のコピペ

学習塾の栄光ゼミナールが2010年3月に第五回「中学生の学習とインターネット利用」に関する男女各1000人を対象とした調査結果を発表しました（日経 2010・12・20 23頁）。

●勉強をする際にインターネットが必要44・2％（男子38％、女子50％）
●インターネットを「よく使っている」もしくは「時々使っている」と答えた900人のうち、課題や宿題をする際にインターネットを利用しているのが50・1％
●よく使うサイトは「Yahoo! 知恵袋」と「Wikipedia」がともに63・2％
●サイトをそのままコピー＆ペーストし、課題や宿題を作製した経験があるのが上記の52・2％（「レポート・作文・読書感想文」（22・6％）「歴史に関する課題・宿題」（11・9％）「調べ学習」（9・8％）など）

栄光ゼミナールはこの結果を「宿題丸写し、四人に一人」と広告にも使ったようです[051]。ちょっと古いデータですが、その後このような調査が行われた形跡がないのは、みんな実態を明らかにするのが具合が悪いと思っているためかもしれません。さて、こうしたコピペの原因は主に次の3つのケースに分かれると思います。

①宿題などで、ある事項について（たとえば海上保安庁とは何か、など）調べるとき、ウィキペディアなどのウェブページからコピーしてくる場合

②夏休みの宿題で、読書感想文を書くとき、アマゾンのカスタマーレビューをそのままコピーする場合、あるいは期末レポートなどのテーマ（たとえば死刑制度について、など）で、それに関するブログの発言や新聞のコラムなどを自分の意見や文章であるかのように使う場合

③卒業論文・学位論文などで、ウェブ上にある他人の論文の一部または全文をコピーして利用する場合

①のケースはきわめて多いと思われます。筆者の学生でもよく目にします。前述の栄光ゼミナールの調査でも、よく使われているサイトは「Yahoo! 知恵袋」と「ウィキペディア」です。これらに書いてあることをうのみにしてコピペすることは問題です。かならずそこで言及されている元の資料にあたらなくてはいけません。これに関しては先生方が「図書館で調べなさい」「出典を明記しなさい」などと、明確に指導する必要がありますが、先生方自身がその必要性をよく理解されていないと思われます。

②については完全に盗作・剽窃となります。これについて先生方は「簡単にわかる」といっているようです[052]が、目を逃れるケースも多いと思われます。

③はもっとも悪質なケースであり、見つかれば退学・学位剥奪となりますが、実際に大学等におけるそのような事例は日本ではあまり報道されていません。学術雑誌における剽窃は「取り下げ」

措置がとられます。日本発行の学術雑誌でも、『プシコロギア』という心理学の雑誌で、トルコからの投稿が、米国の学位論文からの盗作であることが判明し取り下げ措置となった例があります。欧米以外からの投稿にはこのようなものがしばしば見られます。

「自由に使える読書感想文」

「自由に使える読書感想文」というサイトをご存知ですか。2004年に恩田ひさとしが立ち上げ、2008年にはNHK『クローズアップ現代』で紹介され、2016年の今でも感想文を提供しています。このサイトには、たとえば「太宰治の『走れメロス』を読んで」の感想文が載っていますが、それはこんな具合です。[053]

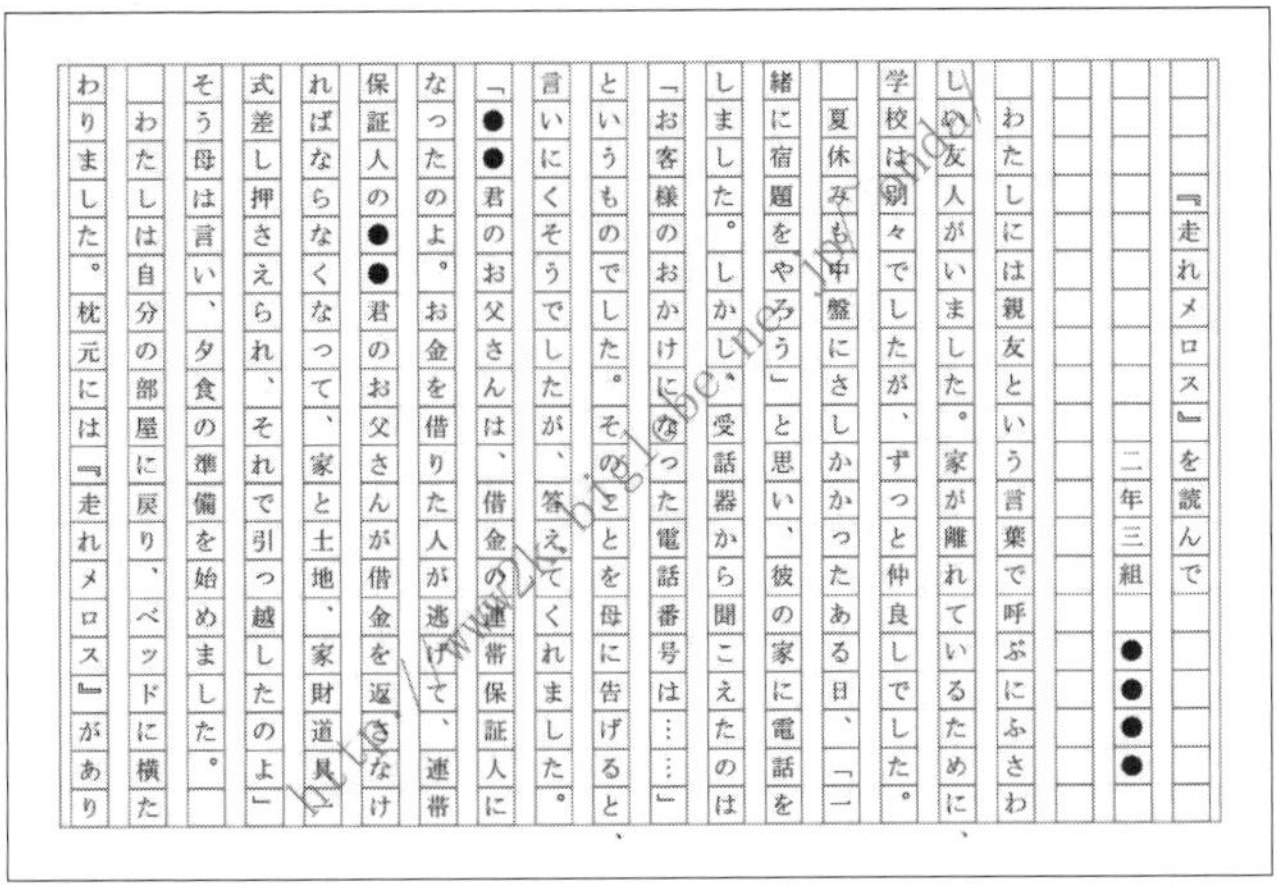
『走れメロス』を読んで
二年三組　●●●●
わたしには親友という言葉で呼ぶにふさわしい友人がいました。家が離れているために、学校は別々でしたが、ずっと仲良しでした。
夏休みも中盤にさしかかったある日、「一緒に宿題をやろう」と思い、彼の家に電話をしました。しかし、受話器から聞こえたのは「お客様のおかけになった電話番号は……」というものでした。そのことを母に告げると、言いにくそうでしたが、答えてくれました。「●●君のお父さんは、借金の連帯保証人になったのよ。お金を借りた人が逃げて、連帯保証人の●●君のお父さんが借金を返さなければならなくなって、家と土地、家財道具一式差し押さえられ、それで引っ越したのよ」そう母は言い、夕食の準備を始めました。
　わたしは自分の部屋に戻り、ベッドに横たわりました。枕元には『走れメロス』があり

図1-20　「自由に使える読書感想文」にある『走れメロス』の感想文 [054]

「小説は小説なんだ。もしかしたら『走れメロス』は、友情のすばらしさとか、人を信じる尊さとかの話ではないのかもしれないね。友情はこうあるべきだ、人を信じれば報われるんだという願望が小説という形になったのかもしれないね。きちんとした答えになっているかどうか自信はないけどね……」

それが父の答えでした。

実際このサイトは広く使われているようで、横浜市の私立中学校の国語教師が、2年生が夏休みの宿題として提出した『坊ちゃん』の感想文があまりにもよくできていたので、念のためこのサイトを調べたらコピペだとわかった、という話が朝日新聞に載っていました（朝日 2009・3・16 2頁）。このサイトで笑えるのは、「パクった感想文がばれたときの反省文」も載っていることです。

恩田はNHKのインタビューで、「こどもたちに夏休みを有意義に過ごしてもらいたい。ムダという言い方は過激かもしれないが、読書感想文で何日か悩むよりも今しかできないことを経験してもらいたい」と語っています。恩田は『読書感想文からオトナの世界が見える WRITING』（雷鳥社）という本も出版しています。筆者も読書感想文で苦労した方なので、恩田の意見には半分賛成です。

じつはネットには感想文は山ほど載っています。アマゾンのページでカスタマーレビューを見ればいいのです。ただし、この場合は、先生が気づいてネット検索すれば一発で見つかります。

また「私の資料室・みんなの資料広場」は自分が書いたレポートを有料で売るサイトのようです。自分が書いたレポートがほかの人の参考になるのはよいことですが、どうもこのサイトは大学生または大人のための出来合いレポート売り場のようです。

「私の資料室・みんなの資料広場」に類似のものとして「Google Scholar」があります。ここで検索するとさまざまなテーマについて論文が見つかります。違いは、これらの論文は著者名や掲載雑誌が明らかであり、執筆者が内容に責任を持っているので公式に引用することができる点です。一方「私の資料室・みんなの資料広場」の方は匿名の資料ですので引用に耐えるものではなく、あくまで「人のふんどしで相撲をとる」人のための資料であることがわかります。

大学でのコピペ

2008年にNHKの『クローズアップ現代』でコピペを取り上げていました。北海道・小樽商科大学教授の江頭進が以前のクラスで学生に提出させたレポートの何と4割がネットからのコピペだったと報告しています。そこで、学生にアンケートをとったところ、「正直自分の力だけでは書けない」「あまり悪いことだという認識が少ない」などの回答があったそうです。私の経験でも、平均的な大学生のレベルで論理的な文章を書くことはなかなか容易ではないので、もっともな感想だと思います。江頭はそれを見てから授業のレポートはやめ、討論を採用していると述べています。

筆者が教えていた大学で、先生方にコピペについてアンケートをとりました。多くの先生が、学生がレポートなどで盗用を行ったのを経験しています。たとえば次のような例がありました。

①コピペに使われたURLあり。
②1冊の本の要約と感想のレポートを必修クラスで書かせました。事前にネットを含めて盗用しないことを注意していたにもかかわらず、その本の「読者の声」からの盗用がありました。私たち担当者もチェックしておりますので判明しました。
③「盗用」について考えること（判断）がわずらわしいので、盗用しにくい具体例を中心としたレポート、あるいは筆記試験にかえた。
④新書の紹介と感想文のゼミでの発表時に。
⑤卒論の中に解説書からの文末を替えただけの引き写しがあった（10年前）。
⑥レポートの中にインターネットのホームページ（個人）からのコピペがあった（2年前）。以後その科目は定期試験によって評価しています。レポートでの評価は受講生との間に信頼関係

がなければ不可能。

⑦卒論です。ゼミ生の中に留学生がおり、すでに卒業しましたが、彼女が持ってきた卒論を読んだときに、あまりに洗練された日本語で私でもかけない文体だったのでビックリしたことが始まりです。ただその感覚を確認するために、他のゼミ生（彼女は出席が悪かった）にも全員読んでもらいコメントをしてもらい、自分の日本語感覚がずれていないのをたしかめて、PCで調べてもらったところ、90％以上の盗用があることがわかった。ただ彼女に問いつめてもけっしてみとめず、対応に難儀したことを覚えています。

⑧ゼミレポート、講義レポートは盗用ができない課題を出しますから、友人のレポートを書き写して、少し修正して出すというくらいの盗用しか今のところありません。

⑨Wikipediaの内容をそのまま（英文）レポートに。

前記『クローズアップ現代』で、茂木健一郎は、「論文などはインターネットから拾ってくるが、自分が文章を書くときは、一切何も見ない」といっています。見ながら書く（コピペする）のでなく、自分の脳を通って濾過したものを書きとめるということが重要だといっています。筆者もまったく同じことを学生に指導してきたので、「そうだよな」と思ったしだいです。

なお、コピペから少し外れますが、一時卒論代行が話題になりました（読売 2007・8・18 東京1頁）。現在でもなくなってはいないようです。その際挙げられた業者はすでに閉鎖されていますが、ネットで「卒論代行」と探すと、いくつか見つかってきます。

対策はいくつかあるかと思います。

学生に正しい引用の仕方を教え、何が盗作なのか正しく指導する

まず、「引用」とは何か、どのように「引用」するのが正しいかをきちんと指導する必要があります。

近年小中学校ではネット教育と称して、社会科などでウェブで見つかった記事をコピーすることを指導していると聞きますが、肝心の「出典を明記する」という指導がされていないのではないかと思われます。

『朝日新聞』の「声」欄に、中東カタールのアメリカンスクールで勉強したという中学生の意見が載っていましたが、向こうでは、「リポート提出の際、参考にした本やインターネットといった出典を書くことが求められた」のに、「日本に帰ってきたら、図書館で本を読み、情報を調べても、参考文献を書くように先生からいわれなかった。コピペについての指導もなかった」と書いています（朝日 2014・5・26 6頁）。

むしろ最近の小学校では「調べ学習」と称して、ネットでウィキペディアなどで調査をする授業

を行っているようです。先生が正しく「出典を書く」という指導をしているといいのですが、そうでないと単にコピペを推奨しているだけではないかと思います。

悪意を持って盗作する学生もいますが、多くの場合、罪悪感を持っていないようです。盗作が罪悪であることを説明し、正しい引用の仕方を指導することが重要です。明治大学の米谷茂則は「調べ学習」で引用の指導を強化すべきだと述べています[055]。

海外では多くの大学でそのようなガイドがホームページで見られます。日本でもだんだん増えてきたようです。

それにもかかわらず、２０１５年3月には東京大学教養学部で「期末レポートにおける不正行為について」という告知が出されました。それによると、ある期末課題のレポートの文章中の75％がインターネットからの剽窃であったとのことです[056]。

警告を厳しく行う

欧米の大学では、盗作を発見したら退学、学位剥奪などの措置を行うと明言している場合が多いようです。日本でもそのような警告をしている例もあります。

前記東京大学の場合も「その学期に履修した全科目の単位を無効とする」との申し合わせに基づき「厳正な処置をとった」とされています。

発見に努める

単純なコピペの場合、むずかしい用語が使われていたり、意味のわからない文章がはさまっていたりして発見できる場合もあります。カリフォルニア州立大学チャンネル・アイランド校の図書館のガイドでは次のような点を挙げています[057]。

「見かけ」ウェブからコピーしたと思われるレイアウト、字体、改行。リンクが埋まっている文章、番号づけがおかしい、先頭や最後の文章がおかしい、など。

「中身」レポートのポイントがテーマとずれていて、無理に結論だけあわせようとしている、使われている用語がむずかしすぎる、文法がおかしい（外国語論文の自動翻訳のため）、文章がうますぎる、など。

レポート中の文章をそのまま使って Google などで検索することも有効です。たとえば「精神分析とは、フランスで精神科医としてヒステリー（不安症状）の治療をしていたフロイトが考案した精神的な病気を治療する心理療法である」[058]という文章をそのまま Google で検索すると、これはさきほどの「みんなの資料広場」の文であることが直ちにわかります。ただし、この場合、「フロイト」を「Freud」と直されてしまうと見つからないという欠点があります。

こうした点を改良し、多少文章を手直しされても盗作を検出できるというソフトが欧米では実用化されています。有名なのはアイパラダイム社の「turnitin（ターニティン）」で、英国ではすべての大学に導入されているほか、米国でもハーバードやインディアナ大学など採用が増えています。

同社は学生レポート用でなく、学術論文の盗作を検出するためのシステムも開発しており、これは米国CrossRefという団体から「CrossCheck」として提供されています。多くの学術出版社がすでにテストに参加しています。日本でも科学技術振興機構の電子ジャーナルJ-STAGEがこれを採用しています。

日本語版の検出ソフトとしては、金沢工業大学教授の杉光一成が開発した「コピペルナー」などがあります（読売 2014・6・5 10頁）。また阪南大学教授の花川典子もコピペを発見するソフトを開発しています（読売 2010・8・15 27頁）。

盗作しやすいレポートテーマを出さない

たとえばウエストチェスター・コミュニティ・カレッジの先生向けのガイドでは、次の点が重要だとしています。そのうちいくつかを紹介します[059]。

① 一般的なテーマを出さない

授業に直接関係し、かつ非常に特定的なテーマ（たとえば特定の町、特定の人、特定の状況など）に関するテーマを出すと、ウェブで探しにくくなります（「死刑制度について」でなく「フランスにおける死刑制度の変遷について」あるいは「死刑制度は合法的な復讐であるという意見について」）。

②内容を詳しく指定する

レポート中で、「他の意見と比較せよ」などの内容を指定すると、出来合いのレポートを使うのが難しくなります。

③追加の作業を要求する

レポート作成の過程（資料収集や友人との議論、まとめるのが難しかった点など）を書いて提出させたり、まとめたレポートをみんなの前で発表させたりすると盗作は困難になります。

④段階的に作成させる

まず概要を書かせ、次に序文を書かせ、というように段階的に作成させるとごまかしが困難になります。

⑤参考資料を明記させる

レポートで参考とした資料のリストを作成させ、各資料について簡単なコメントを書かせることもできます。

第2部

バレないと困るパロディの世界

ツイッターに、

これ２ｃｈでみつけたけど、なるほどなと思いました。

・バレて困るのがパクリ
・バレると嬉しいのがオマージュ
・バレないと困るのがパロディー

と書かれていました[060]。

このように、オマージュとパロディは、見た人が元ネタを知っていることが前提になります。その元ネタを称賛するのがオマージュで、こき下ろしたり馬鹿にするのがパロディということもできます。したがって、パロディは元ネタの作者から攻撃される危険をいつも持っています。

1　裁判になったパロディ事件

パロディ写真事件

日本では、パロディに関する裁判事例はほとんどありません。有名なのはマッド・アマノの「パロディ写真事件」です。この事件は、マッド・アマノが、山岳写真家の白川義員が撮影したカレンダー写真（図２－１左）を一部切り取り、そこに広告写真から複製したスノータイヤの写真を合成し白黒写真にした（図２－１右）ことが問題となった事件です。飯野守の「パロディにみる表現の自由と著作権の相克」[061]によれば、それぞれの主張は次のとおりです。

a．白川側の主張

①被告は本件写真を無断で盗用し偽作した上で、原告の氏名を表示せずに公表した。

②この侵害行為により本件写真の製作意図は破壊され、また侮辱されたのであり、今後の撮

影活動に支障をきたすことから甚大な被害が生じる。

b. マッド・アマノ側の主張

① 本件モンタージュ写真はいわゆるモンタージュ写真であって、他人の写真を素材としているが「原写真の思想、感情の表現とは別個の思想、感情を表現する原写真とは別の新たな著作物」であるから偽作ではない。

② 本件モンタージュ写真の意図は自動車公害の現況を批評したものであり、原告の本件写真の製作意図を破壊したり侮辱したりしたものではない。

③ 本件モンタージュ写真は、「スキーシュプールがタイヤのわだちに似ていること

図2-1 白川義員の元の写真(左)とマッド・アマノの合成写真(右) 062

とを指摘することにより、本件写真の美術的評価を批判するとの意図」を持つもので、このため本件写真を引用したものであり、正当な範囲で行われた引用であって出所の明示も要しない。

すなわち、白川側は盗用であり著作物の同一性保持権の侵害であると主張し、マッド・アマノ側は引用でありまたパロディ（本件写真の美術的評価を批判するとの意図）であると主張したわけです。

１９７２年11月20日の東京地方裁判所判決は、この件は剽窃であり引用にはあたらないと判断し、被告に対し50万円の支払いと全国紙への謝罪広告の掲載を命じました。これに対し、１９７６年5月19日の東京高等裁判所判決は、このモンタージュ写真を「パロディ」と認めたうえで著作権侵害にあたらないと判断しました。

しかしこの高裁判決に対し、１９８０年3月28日、最高裁判所はこの写真は、①引用にはあたらない、②パロディだからといって、著作者人格権（同一性保持権）を侵害してはならない、という判断を下しました。ただし、この場合でも自分で撮った写真を用いれば問題がなかった判決は述べています。

この判決により、結果として日本ではパロディの表現がきわめて困難になりました。

『バターはどこへ溶けた?』事件

『チーズはどこへ消えた?』は医学博士、心理学者、ハーバード・ビジネス・スクールの名誉会員であるスペンサー・ジョンソンが書き、2000年に扶桑社から訳本が出版され、発売1年で350万部もの発行部数を誇るベストセラーとなりました。2匹のネズミを主人公としたこの本のポイントは、今までずっとそこにあったチーズが突然なくなった事態に対し、また突然出てくるかもしれないと待ち続けるのではなく、新しいチーズを探しに冒険に出かけるべきだ、という点です。これは当時、バブル経済がはじけた後、企業のリストラ等が相次ぐ中、これを「必要な変化」として正当化するものでした。

この本に対し、2001年に道出版が『バターはどこへ溶けた?』という本を出版しました。この本の著者は「ディーン・リップルウッド」と名乗っていますが、実在の人物とは思えません。この本は『チーズはどこへ消えた?』とはほぼ正反対に、変化がすべてよいことではない、現在の自分を否定することはかならずしもよい結果を生まないと説いています。アマゾンの批評サイトでは、

絶えず新しい課題・変化に対応する時の『心構え』の本が「チーズはどこへ消えた?」だと

すると、この『バター…』は「自分という個の存在意味」というものを教えてくれている気がする。

とも書かれています[063]。

しかし装丁、判型、本文の構成、表現スタイルなどがよく似ていたため、原著作物の翻案権を有する翻訳者と出版権および編集著作権を有する扶桑社が『バターはどこへ溶けた？』の発行等の差止めの仮処分を申請しました。東京地方裁判所は、『バターはどこへ溶けた？』は「パロディ」ということはできるが、それにもかかわらず著作権を侵害しているとの判決を下しました。すなわち、パロディといえども著作権を侵害しない範囲で行わなくてはいけない、というかなり現実性のない判断を行ったことになります。

タンタン対サン・タン事件

ベルギーの漫画家エルジェによって描かれた漫画『タンタンの冒険』シリーズ（以下、『タンタンの冒険』）は少年記者タンタンと犬のスノーウィが世界中を冒険旅行する物語で、１９２９年の発表以来のロングセラーです。しばしば映画化もされています。２０１１年には『タンタンの冒険／

ユニコーン号の秘密』が実写化されました。ちなみに日本には『正チャンの冒険』というよく似た漫画がありましたが、これは1923年に発表されており、『タンタンの冒険』の真似ではありません。むしろ『タンタンの冒険』の方が真似ではないかと思うくらいです。

フランスのパロディ作家であるゴルドン・ゾーラがこの本のパロディ小説『サン・タン絞首台に行く』を出版しましたが、発売から3か月後に、原作者側から海賊版だと訴えられました。

パリ控訴院判決について、ギレーヌ・キーゼルは「フランスにおける知的財産制度におけるパロディ」において、次のように述べています[064]。

2011年2月、パリ控訴院は、パロディ小説シリーズは、「主観的要件」「客観的要件」「当該分野の決まり」の3つの要件を満たし、漫画『タンタンの冒険』のパロディにあたることを認め、著作者および出版社の権利を侵害しないと宣言しました。

パロディ小説は、原作の漫画に基づきつつも、小説という形式をとったことや、独自の筋書きであることから、混同の恐れを回避するには十分であること。笑いを誘うデザインやイメージを滑稽化した、タイトルおよびデザインから、パロディであることは読者に伝わること。さらに、内容としては、言葉遊びや語呂合わせによって、登場人物の名称や性格が設定されており、ユーモアが表現されていること。結果、パロディ小説は、パロディを構成するユーモアの意図（主観的要件）と

図2-2　『正チャンの冒険』（左）と『タンタンの冒険』（右）065

図2-3　漫画『タンタンチベットをゆく』（左）066 と
パロディ小説『サン・タン絞首台に行く』（右）067

元の著作物との混同のおそれの欠如（客観的要件）の二つの要件を満たしているとされたためです。

さらに、「当該分野の決まり」を守らなかったという証拠は確立されず、パロディ小説の発行部数が小規模であったことから、原作漫画に商業的に影響を与えたり、不当な損害を与えたりすることもなかった、と結論づけ、正当なパロディと判断しました。

『ドラえもん最終話』事件

『ドラえもん』は藤子・F・不二雄の長期にわたる人気漫画で、2016年にも映画『ドラえもん新・のび太の日本誕生』が公開されています。『ドラえもん』は二次創作の重要なキャラクターであり、パロディも無数に存在し、コミケでも売られており、通常問題視されていません。

2005年10月ごろから、ペンネーム「田嶋・T・安恵」が『ドラえもん最終話』という漫画を同人誌に発表し、また書店などで販売しました。この本は絵柄や物語展開、装丁がオリジナルと酷似していて、インターネット上で評判となり、約1万3000部を売り上げたとのことです。

2006年春に小学館と藤子プロが同人誌の存在に気づき、電子メールで警告しました。これに対し、2007年5月に同人誌の作者は、「今後このようなことはしない」という誓約書を出し、売上金の一部を藤子プロに支払いました。その結果、小学館・藤子プロ側は、著作権侵害で告訴しないことになりました（読売 2007・6・5 東京）。前述のように、『ドラえもん』のパロディ作品は無数に存在しており、このケースでも、大規模に販売されなければ著作者側も大目に見た可能性があります。

2 贋作もあるデザインのパロディ

ロゴマーク

ロゴタイプとは、『広辞苑』（第6版）では「①二個以上の文字を組み合わせて、一個の活字としたもの。②会社名・商品名などを独特の字体・デザインで表したもの」と定義されています。ロゴまたはロゴマークは、ロゴタイプの②と同じ意味です。ロゴのパロディはTシャツなどでしばしば見かけます。もっとも中にはパロディでなく、単なる贋作も見うけられます。

3　替え歌に代表される音楽のパロディ

替え歌

替え歌は日本の民衆文化の中に深く根づいていました。戦争中は軍歌を替え歌で風刺した例があります。たとえば「愛国行進曲」の「見よ東海の空明けて　旭日高く輝けば」を風刺して「見よ東条の禿頭　ハエがとまれば、ツルッと滑る」などは有名です。

替え歌について、弁護士の酒井雅男は、『「知

金鳥のパロディＴシャツ 068　　BOSS のパロディＴシャツ 069

図2-4　パロディＴシャツの例

らなかった」ではすまされないデジタル時代の著作権最新Q&A』(ユーリード出版)で次のように述べています。

●替え歌は、原曲の歌詞をパロディにしたものなので、原著作物を変形、翻訳し創作する二次的著作物である。自分で楽しんだり、友達の前で歌って見せたりする程度なら問題ないが、ホームページなどで公に公表するにはいくつかの問題点がある。

●替え歌は、著作財産権のひとつである複製権を侵害しており、元歌の翻案であるため、翻案権の侵害となる可能性もある。また、元歌を改変しているため、著作者人格権のひとつである同一性保持権の侵害にもなる。

●替え歌を公表するならば、元歌の著作権者から複製の許諾、翻案の許諾を得て、著作者(作詞家)の同意を得なければならない。さらに、伴奏に既成の楽曲(元歌のCDなどについているカラオケ)を使用する場合は、そのカラオケに著作権が発生しているため、著作権者の許諾を得なければならない。自分で演奏して替え歌を歌う場合もやはり、作曲者の許諾が必要である。

したがって、ネットで替え歌を公表しようとする場合は、JASRACの許諾を得ることが好ましいといえます。嘉門達夫は替え歌で有名ですが、著作権の許諾を得るだけでなく、歌手にも承諾を取っているとのことです。

ディズニーは、自社の著作物や商標を護ることについてきわめて厳格でしたが、『アナと雪の女王』については、劇中曲『Let It Go』の各国語のバージョンを大幅に黙認しています。この作戦は大成功し、世界中でこの歌が流行る原因となりました。YouTube上にはさまざまなパロディ曲もあります。有名なものでは『デブのままで』や『Let It Go - Mom Parody』などがあります。

4 絵画のパロディ

山本太郎のニッポン画

絵画のパロディとしては山本太郎が有名です。彼の描いた「ニッポン画」は、歴史的に名高い日本画をパロディにしています。古い絵なので著作権の問題は存在しません。ニッポン画について、山本太郎は自らの公式ホームページで次のように定義しています[070]。

日本の昔の絵画を現代の視点で再構成したものです。
一、現在の日本の状況を端的に表現する絵画ナリ
一、ニッポン独自の笑いである「諧謔」を持った絵画ナリ
一、ニッポンに昔から伝わる絵画技法によって描く絵画ナリ

5 映画に見るパロディとオマージュ

洋画では、パロディ映画の例は少なくありません。チャーリー・シーンが主演した『ホット・ショット』（１９９１）は、トム・クルーズのデビュー作で若い戦闘機乗りが試練を乗り越えて手柄を立てるという『トップ・ガン』（１９８６）のパロディです。おばかのマイク・マイヤーズが製作・主演した『オースティン・パワーズ』シリーズは、『００７』シリーズのパロディです。『００７』

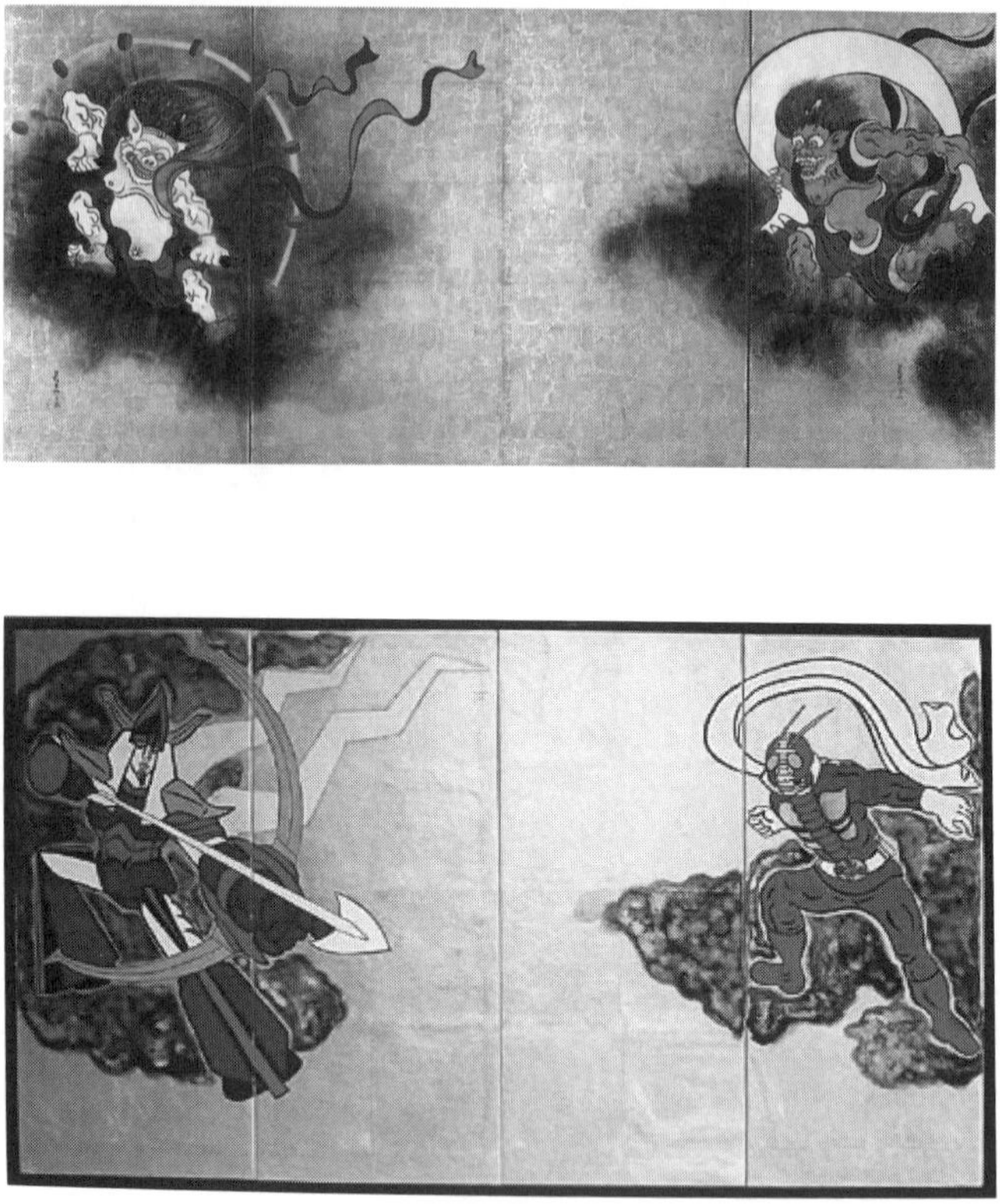

図2-5　尾形光琳の「風神雷神図」(上)071 と
山本太郎の「風神ライディーン図」(下)072

のパロディは、ほかにもレスリー・ネルソンの『裸の銃を持つ男』など沢山あります。『スター・ウォーズ』のパロディは多数ありますが、なかでも有名なのは『Thumb Wars』です。Thumbとは親指のことです。すべての出演者や宇宙艇が親指人形です。また、『Glocery Store Wars』はチューバッカの代わりにチューブロッコリが出てきたりして楽しめます。

アメリカではこのようにパロディはいたるところにありYouTubeで楽しめますが、日本では稀です。小松左京の1973年の小説『日本沈没』（光文社）は、日本列島が地殻変動のために海に沈没していくパニックを描いたSFで、小説も映画（1973）も大ヒットしました。また2006年にも再映画化されています。ストーリーは、日本人が世界中に難民として散っていくところで終わっています。

『日本以外全部沈没』はこの『日本沈没』のパロディ・コメディとして製作されました 角川のホームページ[073]によれば、次のように書かれています。

> 世界は沈没、いまや陸地は日本だけ。世界各国の大スターから庶民まで、あらゆる人種が日本へ避難してくる。
>
> 輸入物資は切れ、〝うまい棒が、なんと10万円!?〟かつて日本にあった価値観は瞬く間に崩壊。

日本大陸の人口は5倍に膨れ上がり、見渡す限り外国人だらけになって、日本人は貴族階級扱いの人種となった。いったい、日本はどうなってしまうのか？

日本以外の国がすべて水没！ 異色の爆笑パロディSF！

陸地を求めて、アメリカ大統領も中国首相もハリウッド・スターもこぞって日本に移住してきて、日本は大パニックに！

ブルース・ウィリス、アーノルド・シュワルツェネッガーらハリウッドスター（のそっくりさん）、キム・ジョンイルら世界の要人（のそっくりさん）が大挙登場！

『日本沈没』の原作者小松左京は、この『日本以外全部沈没』について、2006年7月1日付の『日本経済新聞』「私の履歴書」で、次のように感想を述べています。

『日本沈没』は構想に9年を費やし、1997年度のSFファンが選ぶ星雲賞の長編部門を受賞した。たが、同年の短編部門を、1週間で書き上げられた『日本以外全部沈没』が受賞したので思わず吹き出した。悔しいことに、この作品、面白い。筒井さんとは古いSF仲間だが、できがよすぎるパロディを書かれた原作者は、いつまでも根に持つのである。

6 商品に見るパロディの線引き

「面白い恋人」事件

「白い恋人」はロイズのチョコレートとならんで札幌・新千歳空港の代表的なお土産品です。ラングドシャークッキーでホワイトチョコレートを挟んだお菓子です。製造は１９４７年創業の石屋製菓で、１９７６年に発売開始、売上は年80億円に上ります[074]。

「白い恋人」という商品名についてですが、１９６８年フランス・グルノーブル冬季オリンピックの記録映画『白い恋人たち』（フランシス・レイのテーマ曲で有名）を意識したことは間違いないようです。参考とした記事には「取材協力　石屋製菓」と明記してあります[075]。

さて大阪には「パチもん」ということばがあります。『朝日新聞』の記事（２０１１・１・12）によると、「もとは時計や指輪のニセモノをさす隠語」でつぎはぎを意味する「パッチ物」から始まったとのことです。この記事は見え見えに偽物とわかるものを持ち歩く「反骨精神」をテーマとしていますが、ここで「かなりウケる」と紹介されているのが「面白い恋人」というお菓子です。

これは数多くの人気タレントを有する吉本興業が大阪周辺で売り出したお土産品で、当初からパロディとして、デザインも似せてありました。元祖「白い恋人」の絵柄は山（北海道の利尻山）であるのに対し、「面白い恋人」は大阪城になっていますが、リボンの配置や縁のデザインなどよく似ています。

２０１１年11月に、石屋製菓が吉本興業を商標権の侵害と不正競争であるとして販売の差し止めを求めて提訴しました（朝日　２０１１・11・29）。この裁判は２０１３年２月に、「面白い恋人」の箱のデザインを若干変更し、販売地域を関西に限ることで和解しました。したがって裁判所の判断はありません。

この事件について、北海道大学法学研究科教授田村善之は、商標的には「観念を異にして」おり、また「白い恋人」の市場に悪影響を与えたとはいえないので不正競争にもあたらないのではないか、と述べています[076]。ただし「白い恋人」側としては、今後類似商品が続々出てくる恐れを考えれば、勝てなくとも提訴するしかなかったかもしれません。

「白い恋人」

「面白い恋人」（和解前）

「面白い恋人」（和解後）

図2-6　「白い恋人」と「面白い恋人」の箱デザイン [077]

パロディ駄菓子

『朝日新聞』（2013・2・6 大阪）に「おかしくって涙が出そう　パロディー駄菓子」という記事が掲載されました。ここで紹介されているのはたばこ「ピース」に似た箱デザインの「ココアシガレット」や、薬の「正露丸」に似た「正論丸」など沢山のパロディ商品が紹介されています。製造しているオリオンは、「同業他社のパロディ菓子は作らない」というルールでやっているそうです。したがって「面白い恋人」のような正面からのトラブルはないようですが、それでもクレームをつけられて製造中止することがあるようです。

正論丸 078

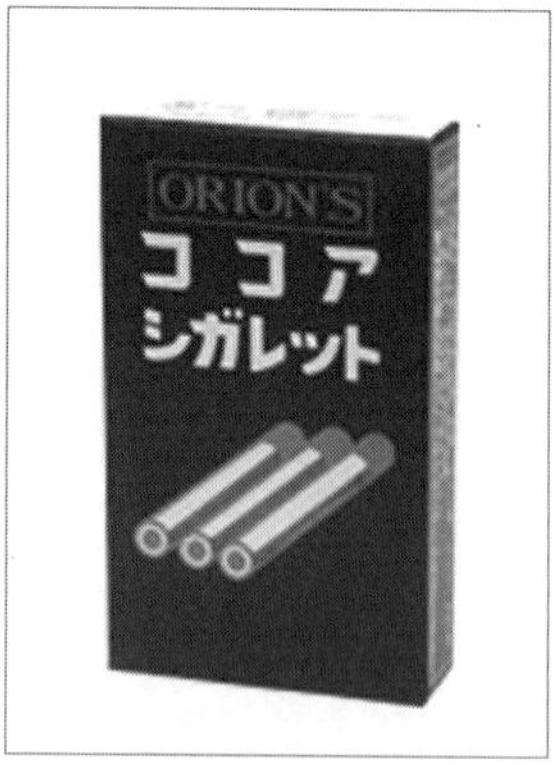

ココアシガレット 079

図2-7　オリオン社のパロディ商品

「フランク三浦」と「フランク・ミュラー」

２０１６年４月26日付の『朝日新聞』は、「「フランク三浦」、本家に勝訴　パロディの線引きは？」という記事を掲載し、スイスの高級腕時計「フランク・ミュラー」のパロディ商品「フランク三浦」が知財高等裁判所の判決で勝訴したと伝えました。これは「フランク・ミュラー」が「フランク三浦」の登録した商標に対して無効申立てを行い、特許庁がこれを受けて無効との判断を下したのに対して「フランク三浦」側が提訴したものです。

記事によりますと、知財高裁判決は、「連想はするが、明らかに日本語の『三浦』が含まれる」「多くが１００万円を超える高級腕時計と、４０００～６０００円程度の『三浦』を混同するとは到底考えられない」として、商標として登録できると判断したとのことです。

オンダ国際特許事務所の木村達矢によれば、類似商標に関する判例には表２－１のようなものがあります[080]。

この表の中で使用が許されたのは「PUMA」のパロディ「SHI-SA」だけです。これに関する知財高裁の判決は「沖縄の伝統的な獅子像「シーサー」を強く思わせ、混同する恐れがあるとはいえない」としています。これら「混同の恐れ」があるかないかの判断はかなり微妙ということができ

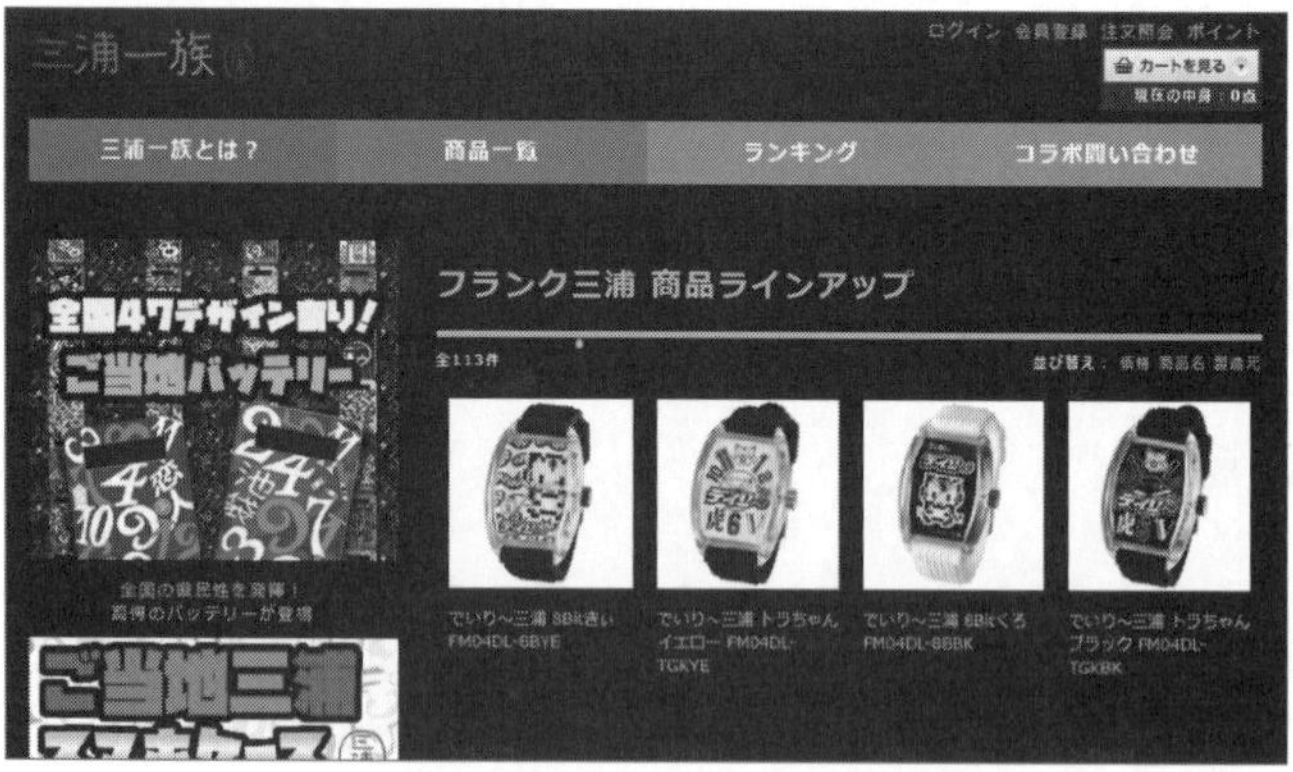

図2-8　フランク・ミュラー（上）081 とフランク三浦（下）082 のホームページ

表2−1　元のロゴとパロディ・ロゴ [083]

年	原商標	パロディ商標	判決
1957			拒絶
2005			混同のおそれあり
2009			登録維持
2013			混同のおそれあり
2012	LAMBORGHINI	Lambormini	混同のおそれあり

ると思います。

『朝日新聞』の大内奏記者は、パロディ商品が認められるには、「似ているか、間違って買わないか」「元の商品の脅威か、ブランド損なうか」という境界線が重要だとしています。パロディTシャツのメーカーの店長は、「ユーモアをこめ、さりげなくひねるのがデザイナーの腕の見せどころ。変えすぎては格好悪いし、元ネタと間違われたら、ただの偽物になってしまう」と話しています。[084]

7 日本文化の中のパロディ

ツベタナ・クリステワ編の『パロディと日本文化』（笠間書店）は、２００９年12月27～28日に国際基督教大学で開催された同名のシンポジウムの講演をまとめたものです。この本の中では日本文化にあるさまざまなパロディの例が論じられています。

この本の中で、ハルオ・シラネの「めかし／やつし」では、「近江八景」「金沢八景」などの「八景」ものは、中国11世紀に書かれた詩「蕭湘八景」の影響でできたものであり、「見立て」に特徴があるとしています。これらは、たとえば「三井寺の晩鐘」を描きながら、「瀟湘八景」の「雁寺晩鐘」を想起するものとなっています。「見立て」は私たちの感覚でいう「パロディ」ではありませんが、その基礎となるものです。これが連歌・狂歌や浮世絵に発展していくと、そこには笑いや皮肉が入り込み、パロディ化していきます。

鈴木春信は『風流座敷八景』で「禁中落雁」という絵を描いていますが、琴を弾いている女性の帯を解こうとしている男性を描いたエロチックなものとなっています。背景は「瀟湘八景」の「平沙落雁」の衝立であり、パロディであることを強調しています。

また高橋亨は、『三十六歌仙画帳』の登場人物を動物に代えた「十二類歌合絵詞」を紹介しています。ここでは動物たちが歌仙の歌をもじった和歌を歌っています。

クリストフ・マルケの「江戸時代の民画におけるパロディの精神」は、大津絵を議論しています。大津絵とは、滋賀県大津市で江戸時代に東海道の旅人に土産物として売っていた素朴な肉筆画で、「鬼の念仏」「瓢箪鯰」「藤娘」など数種の画題があります。大津絵そのものも、たとえば「瓢箪鯰」は室町時代の画僧如拙《じょせつ》の「瓢箪鯰」のパロディだそうです。これはぬるぬるした鯰をつるつるした瓢箪でつかまえられるはずがない、という意の絵です。

さらに江戸後期になると、大津絵自体をパロディ化した浮世絵が多くみられるようになりました。

鈴木春信『風流座敷八景』の「禁中落雁」085

『三十六歌仙画帳』の登場人物を動物に代えた「十二類歌合絵詞」086

図2-9　江戸時代の絵画におけるパロディ

喜多川歌麿の「江戸仕入大津土産」や歌川国芳の「浮世又平名画奇特」などがあります。後者は「御時世柄不容易の事共差含み」と時世批判のため発売禁止となったとのことで、パロディの面目躍如といえるでしょう。

8 そのほかの分野のパロディ

わが国ではコミケに代表される二次創作がパロディの宝庫ですが、これらは市場に出てこないことを条件に許されていると考えられ、公然と発行されているパロディはあまりありませ

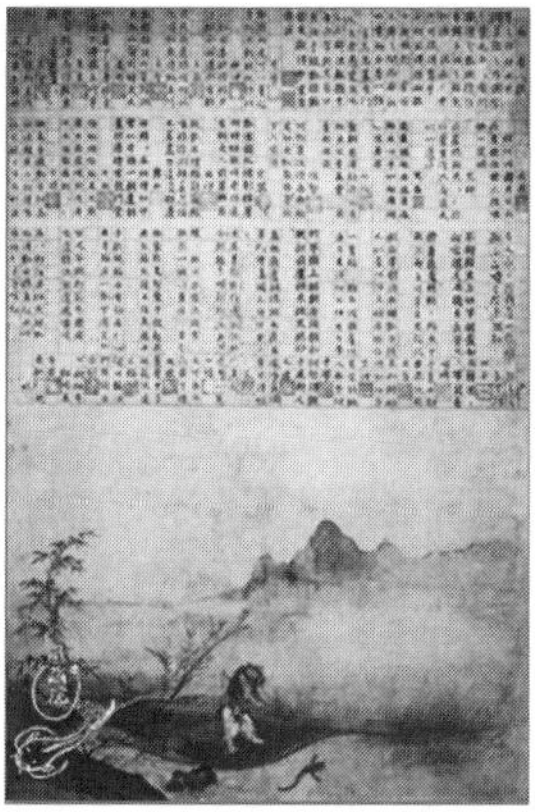

図2-10　如拙の「瓢箪鯰」(左)087 と大津絵の「瓢箪鯰」(右)088

ん。一方欧米ではパロディは公認されています。これらの例を紹介します。

『MAD』

『MAD』（図2－11）は米国のパロディ雑誌（創刊1953）の代表です。主として、高校生・大学生の男子にたいへん人気があり、筆者の好きな『ルーアン』シリーズという漫画のアーカイブ『ルーアン・アゲイン』シリーズでは、ルーアンの兄のブラッドがヒマさえれば『MAD』を読んでいます。

この雑誌では、ドナルドダックやバットマンなど人気キャラクターを漫画でパロディ化するのが得意です。図2－12では、オバマ大統領の演説の有名なフレーズ、「Yes we can !」をもじって、「Yes we can't !」といっています。

米国の新聞漫画

米国の漫画ではよく知られているキャラクターをしばしば登場させます。著作権表示がないので、これらはパロディとして許容されている範囲だと考えられます。

図2－11　漫画『ルーアン』シリーズの登場人物ブラッドが『MAD』を読んでいる 089

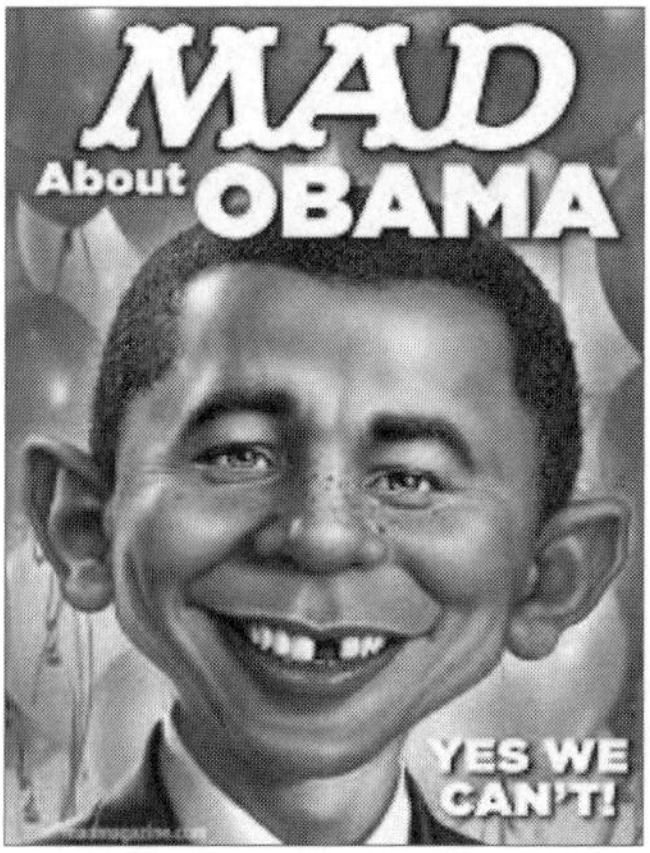

図2－12　オバマ大統領のパロディを表紙としている『MAD』 090

091

092

図2-13　他作家のキャラクターがパロディとして登場する
アメリカ漫画の例

唐沢なをき

唐沢なをき公式ウェブサイトには、次のようにプロフィールが記載されています[093]。

1961年北海道生まれ。ギャグ漫画家。1985年『無敵刑事（デカ）』でデビュー。以来、一貫してギャグ漫画を描き続ける。

1998年『怪奇版画男』で第27回日本漫画家協会賞優秀賞、2000年『電脳炎』で第46回文藝春秋漫画賞を受賞。

主な代表作に『電脳なをさん』『まんが極道』『俺とねこにゃん』『カスミ伝』『ヌイグルメン！』など。特撮・怪獣ファンとしても知られ、特撮番組をコミカライズした『ウルトラファイト番外地』、各界の怪獣マニアとの対談集『怪獣王』などの著書もある。

2012年10月より、読売新聞夕刊にて4コママンガ『オフィス ケン太』を連載開始。

パロディ漫画を得意とし、よく知られた漫画キャラクターをしばしば自分の漫画に登場させています（図2－14）。たとえば『電脳なをさんVer 2.0』では、『ふたりエッチ』『鉄腕アトム』『おそ松くん』『銀河鉄道999』『オバケのQ太郎』『忍者ハットリくん』『ゴルゴ13』などが満載です。これだけ大胆にパロディを登場させる漫画家は日本にはほかにいません。

図2-14　唐沢なをきの『銀河鉄道999』のパロディ 094

第3部

怪しい捏造《ねつぞう》と改竄《かいざん》

1 結論ありきのテレビの捏造

納豆ダイエット

関西テレビの『発掘！ あるある大事典2』では、2007年1月7日の番組で、納豆がダイエットに効くと放送しましたが、『週刊朝日』の追及に対し、番組の内容は捏造であると発表しました。その捏造は次のとおりです（朝日 2007・1・21 2頁）。

① 被験者の比較映像

米国のダイエット研究を紹介した際、男女56人を集めて実験し、そのうち3人の比較写真を使用したと説明していたが、この3人は実験には無関係だった。

② 大学教授の発言

テンプル大教授の日本語訳のコメントを「日本の方々にとっても身近な食材で、DHE

Aを増やすことが可能です」などと紹介したが、この発言はなかった。

③中性脂肪値

「中性脂肪値が高くてお悩みだった2人は完全な正常値に！」とコメントし、数字を紹介したが、中性脂肪値やコレステロール値、血糖値の測定はしていなかった。

④測定値の比較グラフ

納豆を朝2パック食べた場合と、朝晩1パックずつ分けた場合の血中イソフラボンの比較実験をグラフで紹介したが、測定はしておらず、結果は架空だった。

⑤ＤＨＥＡ量の測定値

22歳ＯＬ、25歳会社員、37歳会社員の血中ＤＨＥＡ量について基準値と比較したが、実際には血液を採集しただけで検査しておらず、数字は架空だった。

さらに同番組では、２００６年2月19日に放送した『衝撃！ 味噌汁でヤセる⁉』で、テキサス工科大助教授のキム・サンウーの発言として、「朝食に味噌汁を摂る事はダイエットには非常に効果的ですね」と放送したが、じつは同助教授は、『朝日新聞』の問い合わせに、この発言を否定していました（朝日 ２００７・1・29 1頁）。同番組では、１９９８年10月25日でも、千葉科学大学教授長村洋一の立ち合いで、レタスを食べるとよく眠れるのではないかという実験をマウスを使って行いましたが、効果が出なかったにもかかわらず、「レタスには催眠成分が含まれ、即効性がある」といつわりの字幕を流していました（朝日 ２００７・１・29 １頁）。

こうした番組は、ほとんどが下請けのプロダクションが制作しています。この件では「日本テレワーク」というフジテレビ系の会社が請け負っていました。これまでもテレビ東京系の「教えて！ウルトラ実験隊」で花粉症の対処法について実験していない方法を紹介したという捏造がありました。この番組は、さらに「アジト」という会社などに孫請けされていました。捏造の構図としては、局側がテーマを提示し、「こういう結果を出せ」と圧力をかけて番組を作るという、結論ありきの制作と思われます（朝日 ２００７・１・25 34頁、朝日 ２００７・１・26 34頁）。

さらには、この番組の単独スポンサーである企業や中心となっている学者にも疑いの目が向けられています（週刊朝日 ２００７・２・16 26頁）。

『真相報道バンキシャ！』

２００８年11月23日に放映された日本テレビの報道番組『真相報道バンキシャ！』で、岐阜県で架空の土木工事が発注され、裏金づくりが行われていると報道されました。これは匿名の男の証言を基にした報道でしたが、県の調査でそのような事実はないと結論、証言した男も供述を翻したとのことです（朝日 2009・3・2）。テレビ局による捏造ではないものの、嘘の証言を裏づけ調査しないで報道したことは、報道機関として大きな問題です。この責任をとって、日本テレビの久保伸太郎社長は、誤報の責任を取って辞任しましたが、誤報にいたった詳しい経緯が説明されないことに批判も出ました。

『クローズアップ現代』

2015年3月26日号の『週刊文春』は、NHKの報道番組『クローズアップ現代』の『追跡〝出家詐欺〟狙われる宗教法人』でヤラセがあったと報じました。この番組は、「出家して戸籍名を変えることで債務記録の照会を困難にし、借金の返済を免れるなどの「出家詐欺」の特集」（朝日 2015・4・2）で、問題の男性は、出家をあっせんするブローカーとして登場しましたが、これが依頼による演技であると告白しました。NHKはこの問題を調査し、「過剰な演出があった」という調査結果をまとめましたが、「ヤラセ」との認定は避けました（朝日 2015・4・29）。

これについて、高市早苗総務相が「報道は事実をまげない」などと定める放送法に抵触するとして、同日厳重注意の行政指導を出しました。また自民党はNHKとテレビ朝日（『報道ステーション』に関連して）の幹部を呼んで事情聴取するという事態になりました。これに対して、「放送倫理・番組向上機構（BPO）」の放送倫理検証委員会は11月6日「政府が個別番組の内容に介入することは許されない」などと厳しく批判しました（朝日 2015・11・7 大阪）。この問題は、2016年2月8日の高市総務相の「電波停止」発言（朝日 2016・2・9）へ尾を引いていると考えられます。

街頭インタビューで同じ人物が

何か事件が起きたとき、街頭インタビューというのが行われるのが通常です。これが仕込まれているという疑惑は常にあります。

2007年4月7日付の新聞で、TBSのバラエティー番組『サンデー・ジャパン』の東京・秋葉原での街頭インタビューで、同一人物（市原クン、穂積クンの2名）が4回もインタビューを受け、しかも3回目以降は事前に出演の予約も取り付けていたと報道されました（朝日、読売 2007・4・7）。

局側は、「バラエティー番組の許容範囲」と強弁しましたが、6月27

表3-1 『サンデー・ジャパン』の街頭インタビュー 095

放送内容	放送日	市原クン	穂積クン
Wii 発売	12月 3日	―	28秒
メイド狩り	12月10日	7秒	37秒
ウィンドウズ・ビスタ発売	2月 4日	25秒	収録のみ
柳沢大臣の発言	2月11日	16秒	収録のみ
加護ちゃん解雇	4月 1日	7秒	5秒

日「不適切な演出」として、社長らが報酬返上、関係者を処分しました（読売２００７・6・27東京）。『週刊朝日』（２００７・4・27号）の記事によると、２人の出演記録は表３－１のようになっています。とにかくどんなテーマでもかまわないという感じです。事前に連絡をもらったので、うまくしゃべれるように練習して臨んだと語っています。

ネットでは告発する「まとめサイト」があり、いかにも怪しいと思われるケースが紹介されています。前述の『サンデー・ジャポン』の人も紹介されています。大雪の日に「就職活動中」と話した同一人物が1時間後に「ＯＬ」として写っているものもあるようです。これらは素人でなく仕込みタレントではないかと告発しています。

2 ドキュメンタリーの捏造と真実の境界

テレビの音響ディレクターであった木村哲人は『テレビは真実を報道したか　ヤラセの映像論』（三一書房）という本を書いています。たいへん示唆に富んだ本ですので、一読されることをお勧めします。

木村は、この本の中で映画の歴史に触れ、映画が発明された当時の映像はすべてヤラセであったと述べています。劇映画以外の映画は「ニュース映画」と考えられますが、多くの「ニュース映画」は単なるお芝居でした。たとえばエジソンは映画『電気椅子の処刑』を作成しましたが、その処刑はスタジオで芝居として再現されたものでした。

「ニュース映画」といっても今の人はご存じないと思います。昔は映画館にいくと、目的の劇映画が始まる前に5分程度のニュース映画が上映されました。テレビがなく、新聞とラジオだけの時代、これは唯一世界の事件を動画でみる機会でした。しかし、それも怪しいものが多かったのです。

第二次世界大戦中に米軍が作成した『われらはなぜ戦うのか』シリーズは、あちこちの劇映画やニュース映画をつぎはぎしたものでひどい捏造だったと木村は述べています。たとえば「日本」の部では、刀を持って戦闘機に乗り込む大河内伝次郎（俳優）が写っていたそうです。

『オリンピア』

映画史に輝くオリンピック記録映画の名作、レニ・リーヘンシュタールの『オリンピア』と『美の祭典』は1936年の第11回ベルリンオリンピックを撮ったものですが、いまだにそれを超えるオリンピック記録映画はないといわれるほどの傑作です。

しかし、いくつかのシーンは実際のものでなく再現シーンだと木村は指摘しています。たとえば、日本人２人が銀・銅メダルとなり、それぞれのメダルを２つに割って継ぎ合わせた「友情メダル」物語で有名な棒高跳びのシーンの一部は、夜になって撮影できなくなったので、後から取り直したものであることが知られています。また、木村は、音響技術者としての経験から、この映画に含まれているほとんどすべての音は別に採録したアフレコだと突き止め、レニ本人に確認したと述べています。

図３-１　レニ・リーヘンシュタールの『オリンピア』のポスター [096]

『砂漠は生きている』

木村が、ほとんど全編がヤラセだと指摘している映画は、ウォルト・ディズニーの『砂漠は生きている』とヤコペッティの『世界残酷物語』です。筆者は後者を見ていないので、『砂漠は生きている』について述べることにします。

この映画はウォルト・ディズニーの初めての長編記録映画で、その後の自然を撮った記録映画の走りでした。アカデミー賞をはじめさまざまな賞をとり、絶賛されましたが、多くのシーンはヤラセではないかと疑われています。たとえば、有名なガラガラヘビと毒蜘蛛の決闘などはヤラセだと、カメラマンのクリス・パーマーは、著書『Shooting in the Wild: An Insider's Account of Making Movies in the Animal Kingdom』の中で暴露しています[097]。

ペルシャ湾戦争

イラクのクウェート侵攻に端を発した湾岸戦争において、1991年1月26日、英国ロイター社が撮影した、油まみれとなった海鳥の写真が公開されました。またスリランカのITN社が撮影した油まみれとなった海鳥のビデオも配信されました（毎日 1991・1・27）。

この写真は、イラクが環境破壊をねらってクウェートの原油を流出させた結果として、イラクを非難するために用いられ、世界中に抗議の声があがりました（朝日 1991・1・29 天声人語）。しかし後になって、米軍はこの写真はクウェートでなく、イラクのカフジでの別の原因での原油流出の際に撮影されたものと発表しました（朝日 1991・7・11）。またＩＴＮ社のビデオもカフジのものでした。したがって米軍や米国のマスコミがミスリードしたと考えられます。

図3-2　ITN 社が撮影した油まみれとなった海鳥のビデオ画像 098

ドキュメンタリーと真実

テレビの取材番組では、スタッフが「突然」ある家を訪問すると、家人がドレスアップして出てきたり、わざとらしく「あら」といったりします。またイベントにきている子どもに感想を聞くと、「面白かった」とか「おいしかった」とか、たいへん模範的な回答が返ってきます。これらがヤラセであることは、誰でもすぐわかりますが、そういうものとして受け入れています。筆者も大学教員の時にテレビの取材を受け、インタビューに答えましたが、その際、「このようなコメントを話してもらえますか」といわれました。そのコメントがたまたま自分の考えに沿っていたのですらすらと話せただけです。

前述の木村哲人も、ドキュメンタリーのインタビューは、基本的にヤラセであると述べています。木村によれば、日本のインタビューは、いろいろ聞いてから後で都合よいところだけ組み合わせるモンタージュ方式で、ヨーロッパのそれは、練習に練習を重ねて製作者の思ったように話させる方式だそうです。

オウム真理教の信者を取材して記録映画『A』を製作した森達也は『ドキュメンタリーは嘘をつく』（草思社）、『それでもドキュメンタリーは嘘をつく』（角川書店）で、不偏不党、あるいは中立的なドキュメンタリーはあり得ないと主張しています。ドキュメンタリーは対象となる人々によりそって取材・撮影するものであり、その人々の行動や言動を切り取って、勝手につなぎ合わせて作成するものであるから、それは製作者の考えが反映せざるを得ない、というわけです。

映像理論として有名なものに「モンタージュ」理論があります。これは旧ソビエト連邦の映画作家レフ・クレショフが1922年に実験で示したもので、特に有名なものが図3－3です。この動画では、まず左の写真が示され、次に男の顔が示されます。男の写真は同一なのに、最初の例では男は空腹そうな顔に見え、次の例では男は誘惑に負けそうになっているように感じ、三番目では男は少女の死を悲しんでいるように

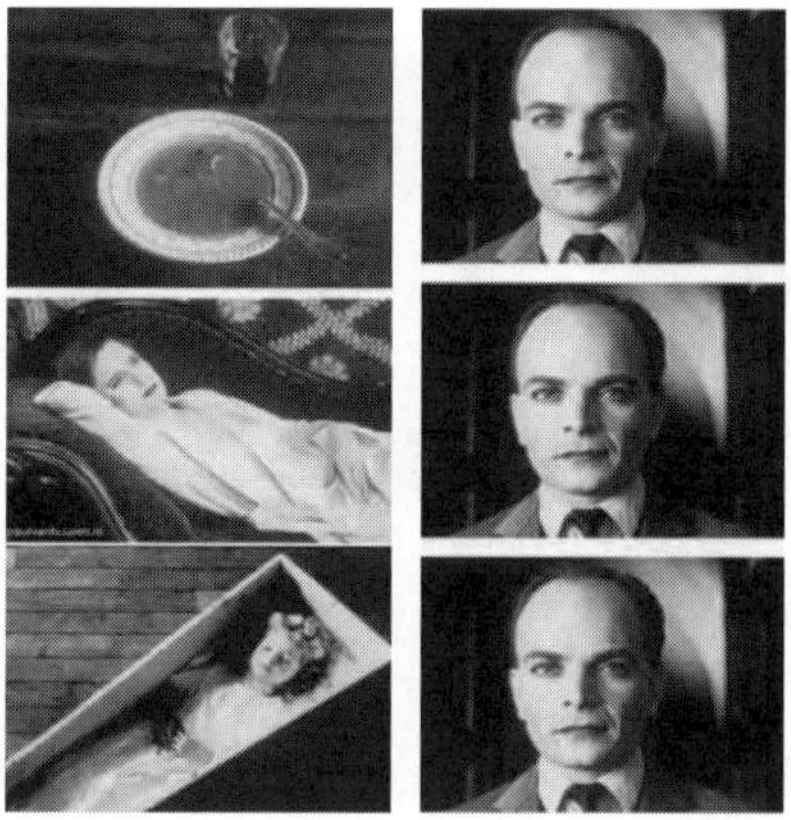

男の写真は同一だが、その前に挿入される他の写真によって印象が変わってしまう

図3-3　レフ・クレショフのモンタージュ実験 099

見えます。「それは観客のイリュージョンである」と映画評論家の今村太平は述べています[100]。このように映像は、その編集によってどんなイメージをも生むことができます。この点にも注意する必要があります。

脱線しますが、このモンタージュ理論を発展させたのが、同じ旧ソビエト連邦の映画監督エイゼンシュテインです。エイゼンシュテインは、ロシア革命を描いた名作、『戦艦ポチョムキン』で、クローズアップやさまざまな角度から撮った短いカットをつなげることにより、モンタージュの効果を最大限に発揮しました。『オデッサの階段』でのコサック兵による市民虐殺のシーンではとくに有名です（図3－4）。

この映画は、戦争中はもちろんでしたが戦後

図3-4　エイゼンシュテイン監督『戦艦ポチョムキン』の「オデッサの階段」シーン[101]

も日本に輸入されず、長く幻の名作といわれてきました。この映画を日本で上映しようとする運動が起き、1959年に「自主上映促進会」の手で初めて日本での上映が実現しました。この「自主上映促進会」を運営していたのが筆者の父親だったのでちょっと付け加えました。

3 美術における贋作

美術における贋作は、しばしば映画のテーマになっています。最近でいえば、『美術館を手玉にとった男』は30年間にわたり贋作を作り続け、米国46美術館に100以上の作品を寄贈した作者のドキュメンタリーがあります。また『モネ・ゲーム』はコリン・ファース扮するプロの贋作者のチームがアラン・リックマン扮する富豪の美術愛好家に贋作を売りつけようと奮闘する映画です。

「artfakes.dk」というサイトでは、インターネット購買サイト「eBay」で偽の絵を売ろうとする業者がいると警告しています。たとえば図3－5のようなピカソの画は偽物だそうです。

最近では、東山魁夷や加山又造の「贋作」を1億2800万円で売った詐欺事件があり、製作を依頼した古物商は有罪となりましたが、依頼されて絵を描いた画家は「模写は画家にとって普通の仕事」として無罪となりました（朝日 2010・3・17 13頁）。

教科書などにも登場する国宝の「漢委奴国王」金印にも、江戸時代に作られた偽物ではないかとの疑惑があり、論争になっています（朝日 2010・2・18 7頁）。

4 人を欺く文書の改竄

公文書の改竄

米国第16代大統領リンカーンが、狙撃されて暗殺されたその日に、ある兵士の恩赦を与える文書に署名していたとして話題になりましたが、じつはこの文書の日付を国立公文書館で発見したトーマス・ラウリー自身が改竄していたことが明らかになり、本人も認めました。日付の年の「186

図3-5　「eBay」に出品されたピカソの贋作[102]

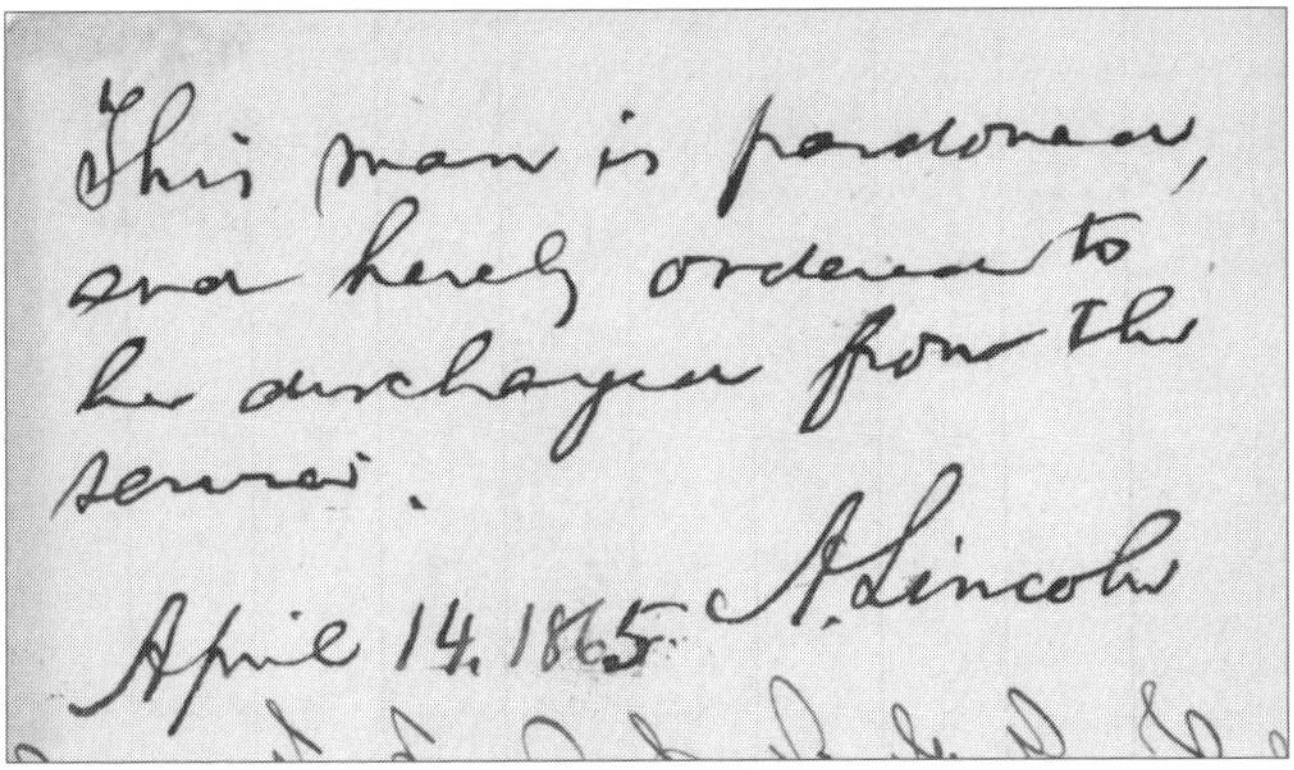
This man is pardoned,
and hereby ordered to
be discharged from the
service.
A. Lincoln
April 14. 1865

図3-6　1864が1865に改竄されたリンカーンの文書[103]

4」を万年筆で「1865」に書き換えたとのことです（朝日 2011・2・10）。

グラフの改竄

文部科学省が高校生向けに作成した保健教育の副教材『健康な生活を送るために』は、2015年8月21日に発表されました。40頁に記載されていた「女性の妊娠のしやすさと年齢の関係」についてのグラフでは、最適期の20代を1としたとき、30歳では0・6に急激に落ちることになっていました。ところが引用されている元の文献[104]では、30歳でも0・9近い数字になっており、明らかに異なっていることがまもなく報道されました（毎日 2015・8・27）。元日本産科婦人科学会理事長吉村泰典は「誰が作製したのかわからないが、産婦人科では長年広く使われてきたグラフだった」と述べていますが、単なる誤りにしては念がいっていると考えざるを得ません。

この怪しいグラフが採用された経緯については、お茶の水女子大学非常勤講師の高橋さきのが電子書籍マガジン『SYNODOS』に詳しく議論しています[105]。そこでも書かれていますが、「長年広く使われてきた」という証拠は見つかっていません。ネットで調べた限り、このグラフは前述の吉村泰典が2013年6月25日にブログで紹介したのが最初のように思われます。同じ頃の井上陽介の日本赤十字看護大学の授業のスライド「医療と文化」では元の文献のグラフが用いられています。

東北大学准教授の田中重人が、明らかな改竄であり、日本産科婦人科学会等の9団体の責任を追及するとしています[106]。状況から見て、吉村元理事長の説明が求められるところです。

なお、文部科学省のホームページには現在は修正されたページと正誤表が掲載されています。

怪しいグラフ

「円グラフを安易に使ってはいけない理由」というサイトがあります。円グラフは原則使ってはいけない、とくに3D円グラフはいけないと説明しています。図3－7上のグラフでは、一見「液晶テレビ」より、「4Kテレビ」の方が売れているように見えますが、じつは「液晶テレビ」は22%、「4Kテレビ」は15%しかありません。過った印象を与えるのは、「近くにある部分の方が大きく見える」「遠近法により、遠くの部分が実際に縮小している」からです。このように円グラフは人をだまそうとするときに使われます。

棒グラフにも怪しいものがよくあります。図3－7下のグラフでは、合格率の伸びを誇大に見せようとする意図がうかがえます。

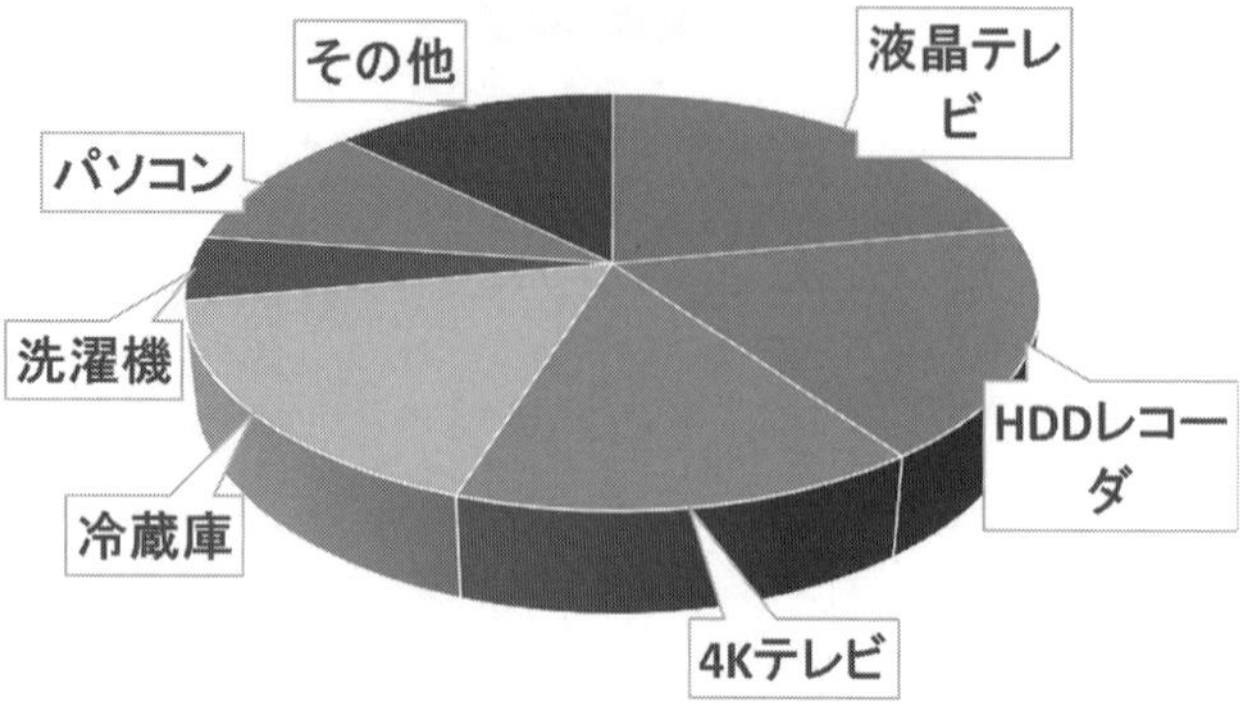

図3-7　怪しい立体円グラフ[107]と棒グラフ[108]

怪しいアンケート

四月一日消費税の税率が3％から5％に引き上げられました。高齢化が急速に進む中でいま消費税の引き上げを行わないと、財政状態がさらに悪化して、次の世代の負担が重くなったり、福祉の財源が不足するなどの影響が出ると言われています。あなたは今回の消費税の引き上げを、当然だと思いますか、やむを得ないと思いますか、それとも、納得できないと思いますか。

以前、『読売新聞』でこのような世論調査がありました（読売1997・5・2東京11頁）。

この例では、回答の選択肢が「当然」「やむを得ない」「納得できない」しかなく、「反対」という選択肢がない点も公平ではありません。調査結果は「当然」が5・4％、「やむを得ない」が50・7％、「納得できない」が42・6％と拮抗していますが、「反対」の選択肢があれば、心理的に回答が反対側によったかもしれないと推測できます。

このように、初めから一方の主張のみを紹介し、それに賛成ですか、反対ですか、と問うのみの誘導的な世論調査はあまり公正とはいえません。ネットのアンケート・ツールで有名な「Survey Monkey」のブログサイトでは、「データを台無しにするアンケート項目トップ5」というサイトで「誘導質問は書かない」をトップに上げ、次のように例を示しています。[109]

悪い質問例：ナポレオンはどのくらい小さかったですか？

「小さい」という言葉がすぐに回答者の心にイメージを形作らせます。誘導的なバイアスを消すには、質問を中立な言い回しに書き直します。

良い質問例：ナポレオンの身長はどのくらいですか？

5 なんでもありの写真の改竄

政権による改竄

『朝日新聞』の中国総局長古谷浩一は２０１５年12月5日付の同紙に「古新聞から消された事

実」というコラムを書いています。それによれば、最近中国国営の中央テレビで、1982年の中国共産党中央委員会全体会議の開催を伝える1982年9月13日付の『人民日報』の写真が紹介されたそうです。ところがこの写真は、古谷が入手した本物の『人民日報』紙面の写真を加工し、そこに写っていた趙紫陽の名前と顔が差し替えられていたそうです。趙紫陽は1989年の天安門事件で失脚したまま名誉回復されていません。

ニューヨーク・タイムズ社の「A Brief History of Photo Fakery」には、加工された、または不適切な写真の例がたくさん紹介されています。また、「The Hoax Photo Archive」にも多くの偽造写真の例があります。このような写真捏造

図3-8　旧ソビエト連邦での写真捏造 110

は旧ソビエト連邦ではしばしば行われました。たとえば図3－8では、左の写真でスターリンの右にいた書記が、右の写真では消えています。

こうした写真加工は過去の話だと思っていましたが、現代の中国で前述のような幼稚な細工が行われるとは驚きです。

ネッシーとミステリー・サークル

スコットランドは氷河期にできた細長い湖が多数あります。その一つネス湖に何か大きな生物がいるとの写真（図3－9）が医師ロバート・ウィルソンによって1934年4月19日に撮影され、公開されました。

古代の恐竜の生き残りではないかと話題になったこのネッシーは、映画などでも取り上げられ人々の想像を書きたてましたが、ちょうど60年後の1994年3月13日、でっち上げ写真であることが報道されました（朝日　1994・3・14）。この写真撮影の関係者の息子の証言では、おもちゃの潜水艦に頭をつけて撮影したとのことです。20世紀になるまで道もなかったような最果ての地でしたので、こうした話が真に受けられたのです。

筆者も最近ネス湖までドライブしましたが、今でも土産物屋にはネッシー関連のグッズがたくさん売られています。

これに類した写真としてはＵＦＯのものがよく報道されますが、娯楽として受け取る人が多いようです。


写真の捏造ではありませんが、似た事件をもう一つ。

1987年8月、英国ウィンチェスターの近くの畑で、穀物が大きな円状になぎ倒されているのが発見されました。これは「ミステリーサークル（Crop Circle）」と呼ばれ、その後も日本を含め世界中で多数のミステリーサークルが観測されました（朝日 1989・9・5）。

図3-9　スコットランド・ネス湖で撮影されたとする怪物の写真 111

これはUFOの着陸後ではないか、竜巻でできたのではないか、さらには静電気現象などさまざまに議論され、1989年には国際電波科学連合で科学者がシンポジウムを開くまでになりました（朝日 1989・9・24）。

ところが1991年に英国の画家ダグラス・ボウアーとデービット・コーリーが「自分たちがロープで作った」と告白。ほかの告白者も出てきて一応決着がつきました（朝日 1991・9・24）。しかしこれを「科学的に」説明した研究者たちは納得していないようです。

ビジネスとしての改竄と検出

写真の偽造は商売になっているようです。浮気の警告などの「目的を達成する高精度な写真

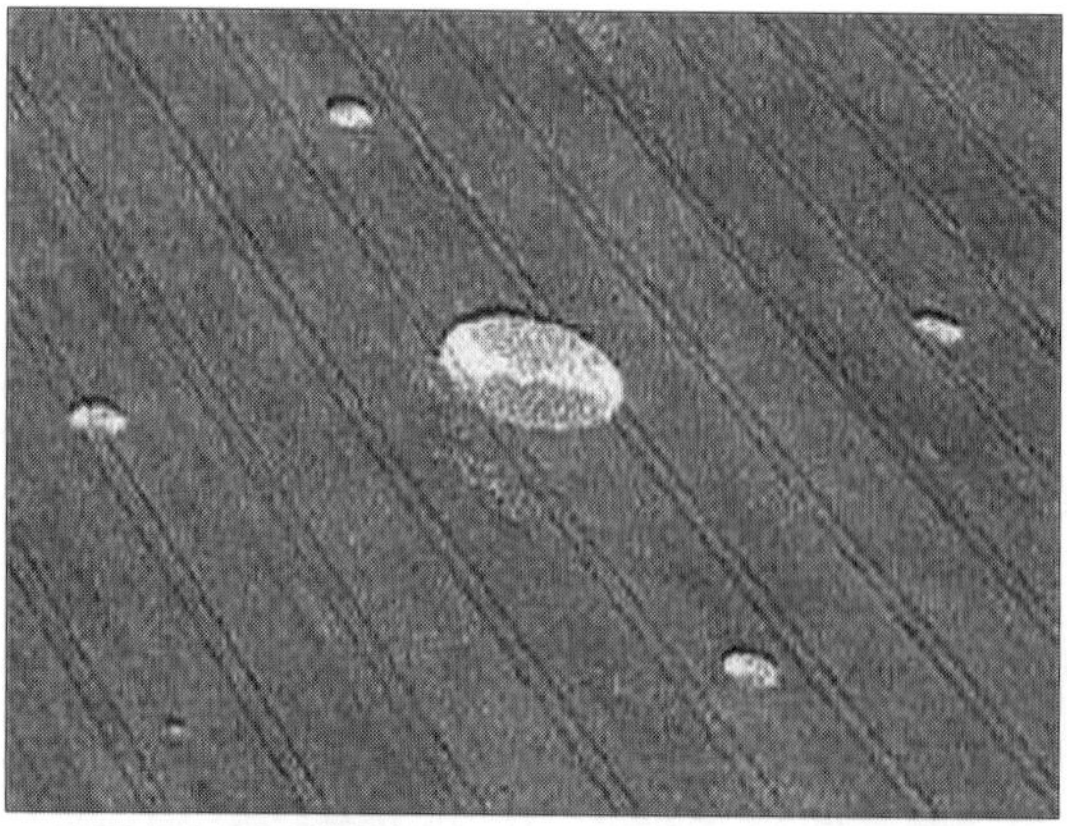

1988年8月3日英国ウイルツシャーで見られたミステリーサークル

図3-10　多数あるミステリーサークルうちのひとつ 112

の改竄・偽造」を引き受けるというウェブサイトが存在します。

この会社は逆に合成写真を解析して嘘を見破ることもできると宣伝しています。典型的な矛と盾の関係のようです。

科学技術論文の写真の加工を検出するソフトは米国研究公正局（Office of Research Integrity）から提供されています。また民間でも「Forgery Detection Plugin」などが提供されています。

たとえば図3－11下段中央の写真では猫が2匹、コピー＆ペーストで追加されていますが、これを検出することができます。

右側の女性を差し替える改竄の工程 113

本来そこにいない猫を描き足した改竄を検出 114

図3－11　写真改竄の例

6 悪意あるデジタル記録の改竄

２００９年６月14日、大阪地検特捜部は、自称・障害者団体「凛の会（現・白山会）」を郵便割引制度の適用団体と認めた証明書を不正に発行したとして、厚生労働省雇用均等・児童家庭局長の村木厚子容疑者を虚偽有印公文書作成・同行使の疑いで逮捕しました。本人は一貫して容疑を否認しましたが、７月４日に否認のまま起訴されました。検察の構図としては、民主党幹部の国会議員から頼まれた政治がらみの疑惑ということでした。村木さんは、逮捕・再逮捕と１６４日も拘留されましたが、一貫して無罪を主張しました。裁判では、証明書を発行したとされた係長（上村勉）が村木局長の指示を否定し、調書はでっちあげと証言した結果、２０１０年９月10日の大阪地裁の判決で無罪、検察は控訴を断念して無罪が確定しました。

ところが９月21日、『朝日新聞』は、検察から上村被告に返却されたフロッピーディスク（ＦＤ）を調査した結果、上村被告が作成したとされる偽の証明書の日付が、特捜部の捜査報告書にある「04年６月１日午前１時20分06秒」ではなく、「04年６月８日午後９時10分56秒」と食い違っていると報道しました（朝日　２０１０・９・21）。朝日新聞社が大手情報セキュリティー会社に解析を依頼したところ、このFDの日付が専用ソフトによって2009年7月13日午後に「6月1日」から「6月8日」に書き換えられたことが判明しました。

書き換えた理由としては、証明書を作成した上村被告に対して、「6月上旬」に村木局長から指示があったという供述と合わせるため、日付を遅らせたものと考えられます。この書き換えを行った前田恒彦主任検事は、文書のページ順も入れ替えるなどの改竄を行っています（朝日 2010・10・16）。前田元検事は証拠隠滅罪で懲役1年6か月の実刑、また上司の元特捜部長大坪弘道と元副部長佐賀元明も証拠隠滅を隠蔽したとして執行猶予つきの判決がありました（朝日 2012・3・30）。この『朝日新聞』の大スクープは『証拠改竄』（朝日新聞社）という本にまとめられています。

FDの日付は技術的にはタイムスタンプと呼ばれます。これはFDのFATディレクトリの情報です。タイムスタンプの書き換えはじつはたいへん容易で、ツールも多数あります。ソフトウェア業者は製品を納品するとき、これを使って日付や時刻をきれいにそろえたりするようです。一方、一太郎や Microsoft Word のファイルには「プロパティ」という情報項目があり、そこにも更新情報が書き込まれています。これも、たとえばパソコンの日付を好きな日時にセットしておいてファイルを更新すれば、任意の日付に書き換えることができます。どちらの場合も書き換えたという直接の証拠は残りません。

ただし、この二つの日付が微妙に違ってくる可能性があり、そのほかの情報も参考にして書き換えが行われたと専門家は判断したようです（日経Ｗｅｂ版　２０１０・９・23）。たとえば、ファイルが書き込まれている順番なども参考になるようです。前述『証拠改竄』の１４６頁では、改竄は次の理由で発見された、と書かれています（「コピー～通知案」とは問題のファイルの名称です）。

①「コピー～通知案」のプロパティ画面を調べると、最終更新日時は「２００４年6月8日」と表示されるが、バックアップファイルは「２００４年6月1日」。本来一致すべき日時がずれていることになる。

②「コピー～通知案」には、２００９年7月13日午後2時23分ごろ、データを上書き保存などの編集操作をした痕跡がある。

③２００９年7月13日に「コピー～通知案」を編集した際に記録された使用者情報は「ＡＳＵＳ」。ＦＤ所有者（上村）の使用者情報は「厚生労働省本省」。上村以外のパソコンで編集された疑いが強い。

この事件は、検察権力が無実の人を陥れようとして証拠を改竄するというおぞましい事件でした。たまたまシステムの素人である検事が操作したために改竄が判明しましたが、どんな場合でもばれるとは言い切れません。したがって、写真を含めてデジタルデータを証拠として採用する場合は、現物が改竄されないように証拠保全に相当の手続きを踏むべきであると考えられます。

7 許されざる捜査当局による捏造と改竄

つかこうへいの傑作『熱海殺人事件』は、刑事木村伝兵衛が犯人大山金太郎を尋問し、取るに足らない事件を「捜査のし甲斐のある」「哲学的な意味のある」事件に育て上げようとするという奇想天外な物語です。しかし現実に戻ってみると、このような事件の「脚色」や、ときには「でっちあげ」は頻繁に報道されています。

ほかの種類の捏造は、だまして不当な利益や地位を得た、ということにとどまり直接の被害者が存在しないことも多いですが、捜査当局や検察のでっち上げは、一人の人間の人生や生命までも奪うもので、到底許すことはできません。

歴史上さまざまな冤罪と思われる事件が知られています。米国ではアナーキストであったイタリア移民サッコとヴァンゼッティが強盗犯人として1927年に死刑になった事件が有名です。英国で、妻と娘を殺害したとして死刑になったエヴァンス事件では、別の死刑囚が犯行を自白しました。この事件は英国で死刑が廃止されるきっかけとなりました。

小説で有名なのはオルダス・ハックスリーの短編「ジョコンダの微笑」でしょう。筆者は少年のころ、この短編をラジオで聞いて、衝撃を受けたことを覚えています。

『冤罪File』（希の樹出版）という雑誌では、戦後日本で発生した冤罪事件を取り上げています。そこで取り上げられている冤罪事件には、袴田事件、三鷹事件、神戸質店事件、大分清川女性殺害事件、東住吉事件、東電OL殺人事件、布川事件、北陵クリニック事件、名張毒ぶどう酒事件などがあります。このうち、東電OL殺人事件、布川事件、足利事件、福井女子中学生殺人事件などは再審無罪判決や再審開始決定が出ています。これらには自白の誘導や強制も含まれますが、ここでは、証拠の捏造や改竄の疑いのある事件に絞って紹介したいと思います。

袴田事件と東京電力女性社員殺害事件

1966年に静岡県清水市で会社専務宅での強盗殺人放火事件が発生しました。4日後、その会社の元従業員で元プロボクサーの袴田巖さんの部屋から微量の血痕がついたジャンパーが発見され、袴田さんは逮捕されました。袴田さんは否認を続けていましたが、一転自白したことにより起訴されました。しかし、裁判では全面否認、その後一貫して無実を主張しながら、１９８０年に最高裁で死刑が確定しました。

死刑判決後も再審請求が出されていました。２００８年に始まった第二次再審請求においては、まずＤＮＡ鑑定が問題となり、犯行時に着ていたとされる白半そでシャツの血痕が袴田さんの血液のＤＮＡ型と一致しないことが指摘されました（朝日　２０１３・12・３）。さらに弁護側は、犯行時の着衣とされる５点が捏造ではないかと主張しました。このことは静岡地裁での再審決定においても指摘され、袴田さんは２０１４年３月27日に釈放されました。

１９９７年３月19日、東京電力に勤務する女性社員が絞殺されました。警視庁は現場の近くに不法滞在していたネパール人、ゴビンダ・プラサド・マイナリを強盗殺人容疑で逮捕しました。マイナリは一貫して無罪を主張していましたが、２００３年に最高裁で無期懲役が確定しました。しかし、再審請求の中で東京高検が被害者体内の精液のＤＮＡ鑑定を行ったところ、別人であることが判明しました。検察はそれでもしばらく粘っていましたが、２０１２年６月７日に再審が決定、マイナリは釈放され、帰国しました（朝日　２０１２・10・29　１頁）。

『週刊朝日』によれば、警視庁捜査一課元捜査員は「被害者の膣内にあった精液がゴビンダのものじゃないことは最初からわかっていた。精液の主の血液型はO型だが、ゴビンダはB型だからだ」と述べていたそうです。また「現場から見つかったゴビンダ以外のB型の陰毛は2本あり、うち1本は『223T－362C』型でした。（犯人が奪おうとした）バッグに付着した皮膚片とも一致する、真犯人を示唆する重要な証拠にもかかわらず、この鑑定の詳細は公判では証拠開示されず、検察は論告でもバッグの取っ手分析を隠蔽していました」（週刊朝日 2012・8・5）。

この二つの再審事件で明らかになったのは、検察が被告に有利と見られる証拠を隠匿し、または捏造した可能性が高いということです。小説『モンテクリスト伯』のヴィルフォール検事総長が現代に暗躍しているのです。

桶川ストーカー事件

1999年10月、埼玉県桶川市JR桶川駅で当時女子大生だった猪野詩織さん（21歳）が元交際相手の兄小松武史が依頼した男2人に刺殺されました。犯人の小松はそれ以前から詩織さんに現金を要求したり、自宅付近で中傷ビラを撒いたりしており、詩織さんは名誉棄損の被害を訴えて、同年7月に埼玉県上尾警察署に告訴状を提出していました。

ところが、上尾署の担当署員3人は、告訴事件になると仕事が増えて面倒であると思い、書類を単なる被害届に改竄した上、詩織さんに告訴の取り下げまで持ちかけていたことが判明しました（朝日 2000・4・4）。

この事件に対して、浦和地裁は「虚偽公文書作成」などの罪で3警官を有罪とし、判決文の中で「迅速な処理をしていれば、おそらく詩織さん殺害事件は起きなかった」と述べました（朝日 2000・9・8）。

小沢一郎政治資金をめぐる捜査報告書捏造事件

2010年1月15日、東京地検特捜部は、当時の民主党幹事長小沢一郎の資金管理団体「陸山会」が、2004年に取得した土地の購入原資4億円が政治資金収支報告書に記載されていないのは政治資金規正法違反（虚偽記載）であるとして、当時の元秘書で衆議院議員の石川知裕を逮捕しました。東京地検は小沢の起訴も検討していましたが、2月4日に不起訴の方針を固めました。

これに対し、市民で構成される東京第五検察審査会が2010年4月に小沢は「起訴相当」と議決し、東京地検が検討しましたが、やはり不起訴を決定しました。しかし、検察審査会は10月に再度起訴相当の議決をしたため、翌年1月31日に指定弁護士による強制起訴が行われました。

この起訴に基づく裁判において、先に起訴され有罪となっている元秘書石川知裕衆議院議員に対する東京地検特捜部田代政弘検事による取り調べの隠し録音が公開されました（朝日 2011・10・15）。この録音と、検察審査会に資料として提出された田代検事の「捜査報告書」を比較したところ、取り調べで行われていないやりとりが記載されていることがわかりました（朝日 2011・12・16）。

たとえば「捜査報告書」には、石川議員が「検事に『11万人の選挙民の支持で議員になったのに、ウソをつけば選挙民を裏切ることになる』といわれたのが効いて、こらえきれなくなった」と答えたとの記載がありましたが、録音にはそのようなやりとりはありません。これに対し、田代検事は、「逮捕中に石川が話したことや保釈後に著書の中でいっていることなどと若干記憶が混同して書いてしまったが、虚偽ではない」と弁明したとのことです。しかし、この「著書」は「捜査報告書」が作成された後で出版されたものでした（朝日 2012・3・14）。このウソの「報告書」は小沢「起訴相当」の議決に大きく影響したことが考えられます。

石川議員は田代検事を虚偽有印公文書作成・同行使の罪で最高検察庁に告発しましたが、「思い違いをした可能性を否定できない」などとして2012年6月27日に不起訴処分としました（朝日 2012・6・28）。これに対し、東京第一検察審査会は2013年4月に「不起訴不当」との議決を行いましたが、起訴は行われませんでした。

しかし、小沢元代表の裁判では、この「捜査報告書」は証拠とし採用されず、東京地裁（2012

年4月26日）、東京高裁（2012年11月12日）と引き続き無罪判決が出た結果、指定弁護士は控訴を断念して小沢の無罪が確定しました。この間民主党政権を支えてきた小沢幹事長の地位は揺らぎ、2012年7月にはグループで民主党を離党しています。

先のFD改竄事件で有罪となった前田恒彦元検事は、小沢事件で元秘書を取り調べていますが、強制起訴の公判で証言し、「検索は証拠を隠している。証拠が全部出れば、小沢は無罪だと思う」と発言しています（朝日2011・12・17）。前田が指摘したのは、捜査の途中の「取り調べメモ」で、これが捜査の「見立て」と合わない場合も、このメモはパソコンで清書して、各検事で共有しているとのことです。小沢の4億円の原資が「ゼネコンからの裏金」と見立てていましたが、水谷建設（有罪）以外にまったく供述が得られていないことがメモからわかると述べています。前田は「審査員がこうした特捜部のメモを見れば、水谷建設の話の信用性は低くなった」と語りました。前田元検事は、検察は「手持ちの証拠の全面開示と、全事件での取り調べの可視化（録音・録画）に踏み込むべきだと述べました。

繰り返される改竄・捏造

このような検察や警察による調書の改竄や証拠の隠滅が疑われる例は全国で多数に上ります。

関連年表10

日付	新聞	記事概要
2010/3/13	朝日	鳥取県警、無免許運転の調書の日時を偽造
2010/3/18	朝日	北海道札幌交通巡査が調書を変造・偽造
2010/3/27	朝日	岡山倉敷署、交通事故の供述調書を偽造
2010/10/22	朝日	佐賀県佐賀署、取り調べ時のメモ廃棄
2011/2/5	朝日	大阪東成署、強制わいせつ致傷事件で捜査報告書の捏造の疑い
2011/2/24	朝日	岐阜県警、交通事故の実況見分調書、供述調書無断書き換え
2012/2/10	朝日	福岡県朝倉署、殺到事件の報告書隠匿、実況見分調書偽造
2012/3/8	朝日	大阪福島署、強盗強姦事件証拠のたばこの吸い殻を紛失し、捏造
2012/6/12	朝日	大阪八尾署、証拠品の木刀を紛失したと思い、別の木刀を証拠品に仕立てた
2012/8/16	朝日	和歌山県警科学捜査研究所で分析データを捏造
2012/8/23	朝日	大阪北堺署、文字が消せるボールペンで調書作成、あとで改変
2013/4/18	朝日	大阪浪速署、証拠品の特殊警棒を廃棄、供述調書をシュレッダーで処分
2013/6/9	朝日	大阪堺署、公務執行妨害事件の逮捕調書を偽造、隠蔽工作
2013/6/11	朝日	大阪堺署、証拠品注射器を紛失したと思い、自分で調達
2013/6/14	朝日	鹿児島県警、暴力団事件で被害者の供述調書を改竄
2013/7/19	朝日	大阪南堺署、交通違反事件で日付を偽った現場写真
2013/12/14	朝日	大阪阿倍野署、ひき逃げ事件の被害者の供述調書改竄
2014/1/13	朝日	大阪府警、強制わいせつ事件の調書を作成せず、７年後に捏造
2014/4/7	朝日	鹿児島県警、交通事故調書を偽造指示
2014/5/17	朝日	大阪高槻署、性犯罪事件の証拠を紛失、捏造、関与警官が自殺
2014/6/21	朝日	宮崎県警、女性切断遺体事件参考人の調書を改変
2015/9/12	朝日	愛知県緑署、交通事故供述調書を偽造、人身事故を放置
2015/10/22	朝日	北海道警、「拳銃を見た」との虚偽の供述調書に署名依頼
2015/11/28	朝日	北海道森署、偽の交通違反切符を作成

こうした偽造・捏造・改竄のひとつの原因として、日本では、公文書が形式的に扱われていることが挙げられると思います。日本では官公庁にさまざまな書類を提出する際に、「日付は空欄に」、あるいは「特定の日付に」と指示されることがほとんどです。また、書類の差し替えも普通に行われます。米国などでは、このような、署名（捺印）した文書を改竄・差し替える行為は犯罪行為となります。白紙領収書をもらうなど論外です。どちらがよいとは一概にいえませんが、それが日本の現実です。そのようないいかげんな書類を裁判の証拠として用いることにそもそも問題があるのではないでしょうか。

8 ゴースト・ライターは納得の世界

先にも述べましたが、タレントが出版する本のほとんどが代作といわれています。忙しいタレントに執筆の時間があるとは思えず、また、文章が書ける人も少ないのではないかと思われます（芥川賞作家になった方もいらっしゃいますが、例外でしょう）。しかし、読む方もとくにそれを気にはしておらず、いわばお互い納得の世界です。

また、多作作家や漫画家が弟子に手伝わせるのも常識です。多作の漫画家は、ネーム（コマ割り）をアシスタントに与え、彼らが大半の絵を描き、色や背景を塗ります。つまり漫画工場（プロダクション）となっています。漫画家の先生は眼だけを入れて完成させるともいわれます。

漫画プロダクションの場合、アシスタントは漫画家の創作の手足となっており、漫画家本人の創作性は明らかです。しかし、本人がまったく創作しないのに、ゴースト・ライターの創作を使って世間に売り出すと、問題が発生します。著作権法違反でもなく、犯罪でもありませんが、道義上のスキャンダルとなります。

佐村河内守事件

２０１４年2月5日発行の『週刊文春』で、全聾の作曲家佐村河内守が作曲したとされる曲は、すべて作曲家新垣隆が作ったものだとの記事が掲載されました。新垣隆は18年間にもわたってファンをだましていたとして謝罪会見を開きました。その後、聾者であることも嘘ではないかともされています。進行中だった「交響曲第一番 HIROSHIMA 全国ツアー」もキャンセルされました。

佐村河内は、耳が聞こえないのにもかかわらず、人々を感動させる音楽を創作したとして、美談の主となり、テレビにもしばしば登場しました。2013年3月31日には、NHKスペシャル『魂の旋律～音を失った作曲家～』が放映され、大きな反響を呼びました。これについてNHKは、

　NHKスペシャルでは、去年3月31日、「魂の旋律～音を失った作曲家～」と題し、両耳の聴力を失った作曲家として、佐村河内守氏を紹介いたしました。

　しかし放送当時、本人が作曲していないことや全聾ではなかったことに気づくことができませんでした。

　視聴者の皆様や、番組の取材で協力して

図3-12　キャンセルされた佐村河内守「交響曲第一番 HIROSHIMA 全国ツアー」のポスター 115

頂いた方々などに、深くお詫び申し上げます。

として調査報告書[116]も公開しています。

『ビッグ・アイズ』

2014年に公開されたティム・バートン監督の米国映画『ビッグ・アイズ』は、1960年代にヒットした画家ウォルター・キーンと、そのゴースト画家であったその妻マーガレットの実話を描いています。

「パンケーキのような」大きな眼をした悲しそうな子どもの絵を描いたキーンは、その絵を印刷して大量に売ったこともあって大人気になりました。妻は名前を出さず、夫の指示により、

The Keanes Split Up

But They'll Remain Partners

S. F. CHRONICLE MAR 17 1965

By Ron Fimrite

Margaret and Walter Keane whose artistic alliance has given a frequently nonplussed world endless portraits of sad-eyed moppets, severed their marital ties yesterday.

Significantly, they will stick it out together in the painting business.

Margaret was granted a separate maintenance decree by San Mateo County Superior Judge James T. O'Keefe in Redwood City yesterday.

The blonde Mrs. Keane testified in court that her husband went out socially without her and, cryptically said he was jealous and critical of her friends and her mother.

GAUGUIN

Keane, who does not discourage people from comparing him with Gauguin, was reportedly in the South Seas. He did not contest his wife's complaint.

WALTER AND MARGARET KEANE IN

The sad-eyed moppets in the background are th

Keane vs. Keane

Bug-Eye Artist Sued by Ex-Wife

DEC 23 1968

Artist Margaret Keane McGuire filed suit today in federal district court against her former husband, Walter

an unknown "but substantial" number of paintings for which she has been paid.

4 Independent-Journal, Thursday, October 15, 1970

Keane Challenged To Prove He Paints Eyes

SAN FRANCISCO (UPI)— Margaret Keane McGuire wants to settle, once and for all, the true identity of the artist responsible for the "eyes" of

loose in Union Square in the heart of downtown San Francisco at high noon and we'll see who can paint eyes," she said. "I'd like that."

図3-13　キーン夫妻の衝突を伝える新聞記事[117]

どんどん創作に励みました。映画では、妻は自分の名前が表に出ないことに不満を持ちながらも、夫の力で絵が売れることで自分を納得させていた様子が描かれています。

しかし結婚生活は破たんし、マーガレットは娘とともにハワイに逃れ、1970年10月にウォルターが描いたとされる絵はすべて自分が描いたとラジオで告白しました。同じ年、マーガレットはニューヨークのユニオン・スクエアで一緒に絵を描いてみようではないかと夫に挑戦しましたが、ウォルターは現れませんでした。

マーガレットは1968年には名誉棄損で300万ドルを夫に要求する訴訟を起こしました[118]。この裁判の様子は映画で詳しく描かれていますが、ほぼ実際にあったとおりのようです。法廷でマーガレットが描いて見せた絵は『証拠

『ビッグ・アイズ』のポスターが貼ってある

図3-14　サンフランシスコにあるマーガレット・キーンのギャラリー[119]

番号224』と呼ばれています。マーガレットは健在で、今サンフランシスコに自分のギャラリーを開いています。

漫画家工房のアシスタントの仕事は、職務著作とみなされ、アシスタントに著作権は発生しません。またゴーストライターによる代作は、著作権譲渡の契約がなされていれば問題ありません。前記日米の二つの例では、譲渡契約はなかったと思われます。

9 さまざまな分野での学歴詐称

ショーン・K事件

2016年3月24日の『週刊文春』は、「フジテレビ〝新ニュースの顔〟の正体　ショーンKの嘘」

とのスクープを報道しました。その記事によれば、自称「ショーン・マクアードル川上」と名乗るタレントで、2010年からフジテレビの『とくダネ！』に出演、2015年にはテレビ朝日『報道ステーション』のコメンテーターを務め、2016年春からはフジテレビの新報道番組『ユアタイム～あなたの時間～』のメイン・キャスターが予定されていました。

日本人離れした甘いマスクのショーン・Kは、自分の英語のホームページで米国のテンプル大学でBA（学士）を、ハーバード・ビジネス・スクールでMBA（経営学修士）を取得し、パリ第一大学に留学したとしていました。『週刊文春』の調査によれば、ハーバード・ビジネス・スクールの同窓会名簿に彼の名前は記載されていませんでした。『週刊文春』に対する本人の説明によると、テンプル大学には10か月、パリ第一大学は聴講のみ、ハーバード・ビジネス・スクールも聴講のみでMBAは取っていないとのことでした。

また彼が代表を務めていたという米国のコンサルタント会社も、実体がないことがわかりました。「マネジングパートナー」としてホームページに掲載されている顔写真の人々は実在が確認できず、一人はまったく別人でした。

結局彼はテレビを降板せざるを得ませんでした。タレントのビートたけしは、「俺の家はペンキ屋で貧乏と言っていたけど、近所ではお坊ちゃんと呼ばれていた。それも詐称？」[120]と語っていますが、たしかに芸人なら学歴詐称も冗談で済みます。作家でも音楽家でも、学歴は噂のタネになったとしてもそれが本業に影響することはありません。彼の場合は、「コメンテーター」、すなわち「学識経験者」として登場していたため、結果的に視聴者を欺いたとされたようです。

学歴詐称事件を報じる際、マスコミは「学歴社会日本」という見出しで飾りますが、海外でも学歴詐称事件はしばしばあります。有名なのは、米国YAHOO!のCEOスコット・トンプソンが「米ストーンヒル大学卒」としていたのにその事実がなかったとして辞任に追い込まれた（朝日2012・5・14東京2頁）、米国オリンピック委員会のサンドラ・ボールドウィン会長が「アリゾナ州立大で博士号を取得した」というのが虚偽とわかり辞任した（朝日2002・5・25）、などの事件があります。

米国では、お金を払えば学位が入手できる、いわゆるディプロマ・ミル（diploma は学位授与状、mill は工場）が乱立し、ウィキペディアにはこれら非認定校の一覧が載っているほどです。筆者のメールボックスにも「学位を取ろう」というメールが毎日きます。学歴社会は日本だけではありません。

政治家の学歴詐称

政治家が選挙の際に学歴を偽ると、公職選挙法違反となり、刑事罰の対象ともなります。

知られている最初の学歴詐称事件は、１９４６年４月10日に行われた第22回衆議院選挙で大阪第１区から当選した初めての女性代議士三木喜代子です。このときの選挙では、全部で39人の女性議員が誕生しました。山口シズエなどもその中にいます。同じ選挙区から当選した議員には、西尾末広、志賀義雄などもいたようです。三木は「市立墨江高等女学校卒、女専中退」と立候補の履歴に記載していましたが、市立墨江高等女学校という学校は実在しませんでした（読売 １９４６・４・25 ２頁）。

大きな問題となった例としては、１９９２年７月の参議院愛知選挙区で民社党公認で当選した新間正次です（朝日 １９９２・７・29 名古屋 15頁）。ＣＢＣラジオのパーソナリティーとして著名であった新間は、選挙公報などに最終学歴を「明治大学政治経済学部中退」と記載していましたが、そもそも入学していないことが判明しました。本人は合格したが入学手続きをしなかった、と述べましたが、大学は入学手続きをしなかった学生については受験データを処分してしまうので、受験したかどうかの確認はできないとのことでした。さらに、選挙運動中に「１９４９年に全国の中学生の中から、公費留学生10人のうちの１人として選ばれ、スイスに派遣され（そこで福祉を学んだ）」と強調していましたが、スイスにいったのは１９７８年が初めてでした。

この事件に関しては、議員辞職を求める署名運動も起きました。同じ選挙で落選した名古屋市の旅行会社社長は、愛知県選挙管理委員会を相手に、新聞議員の当選無効を求めましたが、一審、高等裁判所とも「選挙を無効にする程度に悪質・重大ではなく、自由な判断による投票を妨げたとはいえない」と、訴えを棄却し（朝日 1992・12・17 名古屋 13頁）、最高裁もこれを支持しました。

一方名古屋地検は、1993年8月に新間議員を公職選挙法違反（虚偽事項の公表）の罪で在宅起訴しました。本人は経歴書は民社党が勝手に作成した、明治大学は受験しなくても推薦入学の仕組みがあった、などと弁明しましたが、一審、二審とも有罪となり、最高裁で確定しました（朝日 1994・7・6 1頁）。その結果、新間議員は当選無効となり、再選挙が行われました。新間はその後タレントに復帰しました。

元プロ野球監督野村克也の妻である野村沙知代は、1996年の第41回衆議院選挙に東京5区、比例東京ブロックから新進党公認で重複立候補しましたが落選しました。本人の履歴に「米国コロンビア大学留学」「1972年に野村克也と結婚」などと記載したことについて、女優浅香光代から虚偽であるとの告発があり、東京地検特捜部が受理しました（朝日 1999・7・22 38頁）。しかし、コロンビア大学に当時の留学生の学籍原簿がなく、また1972年には婚姻届は出していないものの事実上の婚姻関係であったとして、「虚偽とまではいえない」と不起訴となりました（朝日 1999・10・2 37頁）。その後東京第一検察審査会が「不起訴不当」の議決を行いましたが、再度不起訴となりました（朝日 1999・10・19 30頁）。

2003年の衆議院選挙福岡2区では、民主党の新人古賀潤一郎が自民党のベテラン前副総裁の山崎拓を破って当選、話題になりました。古賀は福岡県柳川市の柳川商業高校（現柳川高校）を卒業、プロテニスプレーヤーになるため米国に留学しましたが、けがでテニスは断念、実業家となり、その後福岡市議秘書、福岡県議を経て衆議院議員に立候補しました。古賀の経歴書には学歴として「カリフォルニア州立大学ロサンゼルス校」「米国ペパーダイン大商業芸術」が記載され、ペパーダイン大については卒業とされていましたが、2004年1月、これが虚偽であると告発があり、問題になりました（朝日 2004・1・17 35頁）。同大学は『朝日新聞』に対して、在籍履歴はあるが学位は取得していないと回答したとのことです。説明に窮した同議員は、その9月24日に議員辞職しました（読売 2004・9・24 西部 1頁）。福岡地検は、古賀議員を「議員を辞職するなど、すでに社会的責任を取った」として起訴猶予としました（読売 2004・10・6 西部 34頁）。

2004年5月には自民党原田義昭衆議院議員が自民党の広報誌やホームページで虚偽の学歴を記載して問題となり、文部科学副大臣の職を辞任しました（朝日 2004・5・21 2頁）。原田は、旧通産省の官僚だった1974年から76年に公費でタフツ大学フレッチャー法律外交大学院に留学しましたが、単位不足で修了していませんでした。しかし、選挙公報への記載でなかったため、それ以上の追及はありませんでした。

これらをまとめると、国会議員が選挙公報等で虚偽の学歴を記載した場合、辞職すれば起訴猶予、辞めずにがんばると有罪、落選なら不起訴、のような結果となっています。

地方議員の場合、どちらかといえば学歴の乏しい地元のボスが立候補することも多く、その際についつい学歴を上乗せする事件がしばしば起きています。

古くは中卒・高卒の詐称が多かったのですが、その後大学卒業の詐称が増えるなど、進学率の向上が反映されています。最近は米国に短期留学して大

関連年表11-①

日付	新聞	記事概要
1984/10/25	朝日	埼玉県加須市長に当選の矢沢恒雄に学歴詐称ありとして当選無効の訴え
1991/5/28	朝日	郡山市市議選挙の略歴調書で学歴詐称、辞職
1991/5/28	朝日	福島市議選挙で国立大学卒と詐称、辞職せず
1991/12/11	朝日	平塚市市議が高校中退を高卒と詐称、陳謝
1994/7/17	朝日	群馬県太田市長が選挙の略歴を詐称、高卒を中央大卒と
1994/10/12	朝日	岸和田市議が3年前の選挙公報を偽り、高校中退を高卒と
1995/6/24	朝日	静岡県吉田町柳原宏行町長が早稲田大中退を卒業と詐称
1999/7/25	朝日	盛岡市議が選挙で高校中退を卒業と詐称
1997/1/22	朝日	東京都大田区議、聴講しただけなのに「東大大学院修了」と選挙公報に記載。最高裁で罰金確定、失職
1997/2/28	朝日	世田谷区議会議長の石塚一信区議が日大中退なのに法学部卒と選挙公報に記載
1999/4/14	朝日	埼玉県議に当選した議員が「米フォートルイス大卒」と調査票に記載も卒業していなかった
1999/4/28	朝日	静岡県富士市議選に当選議員、日大短期大学部卒なのに商学部卒と詐称

関連年表11-②

日付	新聞	記事概要
2003/2/11	読売	秋田県議が明治学院大経済学部卒としていたが中退、公認辞退、選挙は『時効』
2003/3/3	読売	横浜市議、立候補予定の調査票に高校卒業と記載、事実は入学せず
2004/2/14	朝日	高知県土佐町議は「帯広畜産大別科（2年間）修了」とすべきところを「帯広畜産大卒」と記入
2004/10/13	朝日	福岡県甘木市議会の保坂巌議長「明治大卒」と称したが1年で除籍、議長辞任
2004/11/12	朝日	福岡県甘木市議会の保坂巌前議長、公選法違反の疑いで福岡地検に書類送検
2005/5/27	朝日	長野県佐久市議当選市議、明治大商学部卒と偽称、入学の事実なし、監査委員辞任
2005/6/7	読売	長野県佐久市議、学歴詐称で議員辞職
2005/11/2	読売	流山市の井崎義治市長が2003年の市長選で「ウェールズ大学大学院環境プログラム教授」など経歴詐称、嫌疑不十分で不起訴
2007/1/27	朝日	埼玉県議立候補表明者「玉川大学教育学部中退」と記載、進学の事実なし
2007/1/28	読売	埼玉県議選出馬表明者、学歴偽る
2007/4/3	朝日	新潟県見附市議選で中卒を高校通信制卒と偽称
2007/4/22	朝日	久慈市議選候補者、東京農業大学農学部中退を卒業と詐称
2007/4/28	読売	栃木県上三川町長選落選者は「ワシントン州立ビックベント大コミュニティカレッジ卒」と調査票に記載、大学は否定
2007/6/16	読売	山梨県上野原市議が通信教育制のキャリア認定校（パシフィック・ウエスタン大学）学位をホームページに掲載したのは不適当と辞職勧告
2007/8/22	朝日	長崎市議会副議長森幸雄、高校に在学経験ないのに高校中退とホームページに記載
2007/8/22	朝日	久慈市議選候補者を書類送検
2007/10/6	朝日	長崎市議会副議長森幸雄、学歴詐称で副議長辞任
2011/2/22	朝日	石川県志賀町小泉勝町長、米国ウッド・ジュニア・カレッジを卒業と成績証明書を提出も疑惑
2012/6/27	朝日	石川県志賀町長、学歴詐称は嫌疑なしとして不起訴、検索審議会の議決によっても再不起訴

※ここで挙げられている米国のコミュニティカレッジやジュニア・カレッジは日本での短大にあたるものです。

学卒を名乗る詐称が増えているようです。安倍晋三首相も米国の南カリフォルニア大学（ＵＳＣ）に短期留学していますが、卒業とは主張していません（朝日２００４・２・６）。

学歴逆詐称

就職するとき、学歴など事実でないことを履歴書に記載すれば、それだけで解雇の理由となります。

２００７年前後に、いくつかの地方自治体で学歴を低く見せる詐称が発覚しました。採用募集要項で、学歴を中卒・高卒までと指定していため、大学・短大卒の学歴を中卒・高卒などと過小申告して受験し、採用されたものです。

たしかに資格があるのに不合格となったほか

関連年表12

日付	新聞	記事概要
2004/10/22	朝日	バス運転士、短大卒なのに高卒と偽ったとして懲戒免職
2005/1/22	読売	学歴を高卒と逆詐称。青森市、２運転士を懲戒免職
2007/4/21	朝日	神戸市職員採用で、学歴を低く偽ったとして２人懲戒免職
2007/5/11	朝日	大牟田市職員採用で 10 人が学歴を低く偽る、自己申告のため停職へ
2007/6/1	朝日	久留米市技能労務職職員が大卒なのに高卒と偽って採用
2007/6/27	朝日	横浜市が学歴過小詐称を調査
2007/6/28	朝日	大阪市が学歴過小詐称者 965 人を停職１か月とする
2007/8/1	朝日	兵庫県宝塚市が学歴過小詐称者４名を自己申告で諭旨免職
2007/9/1	朝日	横浜市が学歴過小詐称で 466 人を停職１か月
2009/6/13	朝日	神戸市教育委員会が学歴詐称の調理師懲戒免職に
2013/10/5	朝日	神戸市がこども家庭局の職員を学歴詐称で懲戒免職に

の受験者に不利益を与えたのですから、それなりの処分はやむを得ないでしょうが、やりきれない気持ちが残ります。

10 楽しい捏造

楽しい捏造の話を一つ紹介します。

米国ニューヨーク州のロスコーという町のはずれに「Welcome to Agloe!」と書かれた道路標識があるそうです（図3－15）。この標識には「Agloe General Store」なるお店があることになっていますが、そのような店は存在しません。

『朝日新聞』の宮地ゆう記者によれば（2015・10・23）、次のような経緯があるそうです。

1925年頃、地図の無断複製を発見できるように、架空の町アグローを地図に書き加えました。その後この場所にアグロー・ロッジという民宿ができて、1件だけとはいえ実際の町になってしまったそうです。しかしこのロッジも1944年ごろには閉鎖されたので、この町はまた消えてしまいました。ところが２００８年に作家ジョン・グリーンがこの町を題材にして「ペーパータウンズ」という小説を出版し、映画にもなったため、一躍有名になり、一時Google Mapにも掲載されたそうです。町の名前は消えましたが、実在しない「Agloe General Store」はまだGoogle Mapに掲載されています。この存在しない「Agloe General Store」を撮影したというビデオも公開されています。

図3-15　実在しない町「アグロー」の実在しない店「Agloe General Store」を示す標識 121

おわりに

厳しいだけではない
寛容さを求めて

病理としてのコピペと捏造

コピペと捏造は創作活動、社会活動、政治活動全般で観察されます。その原因は意図的なものとかならずしも意図しないが構造的（病理的）なものに分かれると思われます。

まず意図して行われるコピペや捏造は、当事者の有名になりたい、成功したい、あるいは世間的な要求・需要に応えたいという動機が、手近にある他人の作品を使ってしまうという結果となるもので、有名作家から無名作家や小中学生までを誘惑するものです。久米正雄の盗用や「歌会始」の盗作がこれにあたります。

政治家や捜査当局は、自分たちがやることは正義であるという思い込みが強いので、一般人なら躊躇するコピペや捏造をためらわず行うことがあります。これはきわめて危険ですので、厳しく監視する必要があります。またテレビなどのマスコミも、この程度なら大丈夫と視聴者を見下している様子が見られます。

意図があいまいな、あるいはかならずしも意図していないコピペや捏造には、有名作家の執筆作業に構造的にあるものだと考えられます。多作で知られている有名作家がすべての資料を自分で集めて読んでいるとはなかなか考えられず、かならず有能なアシスタントを雇っていると思われます。

漫画家であれば、著名漫画家は自分と同じくらい絵が描けるアシスタントを持っており、しばしば代作もしています。これらアシスタントが盗用した下書きをほぼそのままなぞって出版することにより事故が発生すると考えられます。オリンピック・エンブレム事件の佐野研二郎が起こした「サントリー・トートバック事件」などもこれにあたります。

むずかしいノンフィクションにおける判断

現実の事件を題材にしたノンフィクションでは、材料としたインタビューや手記が元データとなります。別々の作家でも同じ人にインタビューしたら同じ答えが返ってくるので、その結果としてのノンフィクションはきわめて類似しており、それこそ同じセリフが書かれることになります。これがノンフィクションのむずかしさで、盗用かどうかを判断するのは簡単ではありません。

『弁護士のくず』事件は、誰かの作品を参考にしたとしても、客観的な事実には著作権は及ばないとした点が画期的でした。『あゝ野麦峠』も同様の例と思われます。一方で、他人の作品の表現も含めてコピーすれば、当然著作権侵害となります。立松和平の『光の雨』は、その点が問題となったと考えられます。

ドキュメンタリーに見るヤラセと演出

テレビやドキュメンタリー映画における「ヤラセ」はある意味本質的な問題を内包しています。見る人を「だます」ための「ヤラセ」は当然否定すべきですが、作品に製作者の考えが反映することは当然で、そのための素材の編集やある程度の「演出」はあり得ます。これらを区別せず、「公正中立」の名の下に排除することは、高市早苗総務相の「電波停止」発言に見られるようにきわめて危険です。

パロディと創作性を育む寛容さ

江戸文化は世界に誇れる市民文化です。江戸では庶民が『源氏物語』や『伊勢物語』などの古典をよく知っており、したがって『偽紫田舎源氏』や『仁勢物語』などのパロディ作品が生まれたのです。これらは原作があるからこそ可笑しいパロディです。こうしたパロディは、替え歌や二次創作という形で今も受け継がれていますが、著作権の強化によって、しだいに窮屈になっているように思われます。「マッド・アマノ裁判」は不幸な成り行きになりました。『チーズはどこへ消えた?』

『バターはどこへ溶けた?』事件は、活力のあるパロディ作品を殺し、大切な問題の議論の場をつぶしたのではないかと思います。日本の漫画では、米国の漫画と違って、ほかの漫画のキャラクターが登場することはほぼ皆無です。ここにも窮屈な著作権制度が見て取れます。

TPPの非親告罪条項や法定賠償金制度の導入を期に、フェア・ユースについての議論が改めて盛り上がりつつあります。「寛容な」著作権制度のために、フェア・ユースはぜひ実現したいものです。

謝辞

　文中に出典として示していますが、永田眞理氏の『大作家は盗作家《?》—剽窃と創造の谷間を考える』（こう書房、1981）からはさまざまなヒントを頂戴し、また引用させていただきました。著作権に関しては、福井健策氏の著書、『著作権とは何か—文化と創造のゆくえ』（集英社、2005）、『著作権の世紀—変わる「情報の独占制度」』（集英社、2010）、『18歳の著作権入門』（筑摩書房、2015）をたいへん参考にさせていただきました。とくに『ライオン・キング』の項は、大幅に引用させていただきました。

　また、多くの情報を新聞記事データベース（主として朝日新聞社の「聞蔵」、読売新聞社の「ヨミダス」）から収集しています。できるだけ複数の新聞の記事を比較して正確を期しましたが、事例によっては単独の新聞からしか情報が得られない場合もあったことを付記しておきます。
本書は筆者が属している一般社団法人　情報科学技術協会（INFOSTA）の出版事業の一環として企画されました。INFOSTA出版委員会の方々、とりわけ企画を推進してくださった大谷裕委員長、丁寧に査読してくださった丹一信担当理事に感謝いたします。またもとの原稿の怪しい文章を直してくれた時実衣子氏に感謝します。最後に実際に出版にあたってご尽力いただき、立派な本に仕上げてくださった樹村房の大塚栄一氏と安田愛氏に深く感謝いたします。

時実象一

2016年9月

115 「関西フィルハーモニー管弦楽団」http://www.kansaiphil.jp/modules/concert/index.php?content_id=714,（参照 2016-10-14）.
116 〈魂の旋律～音を失った作曲家～〉「NHK スペシャル」http://www6.nhk.or.jp/special/detail/index.html?aid=20130331,（参照 2016-10-02）.
117 〈What's on the 6th floor? Cinematic San Francisco: "Big Eyes"〉 2014-12-31「San Francisco Public Library」http://sfhcbasc.blogspot.jp/2014_12_01_archive.html,（accessed 2016-10-10）.
118 〈Big Eyes（2014）〉「History vs Hollywood」http://www.historyvshollywood.com/reelfaces/big-eyes/,（参照 2016-10-02）.
119 「Keane Eyes Gallery」http://www.yelp.com/biz_photos/keane-eyes-gallery-san-francisco?select=hyXbSfPMXDHCDBRVgxyhzw,（accessed 2016-10-10）.
120 〈たけし毒舌全開、ショーンK氏あだ名「ホラッチョ」の名付け親は俺!? トランプ氏についても独自の読みを披露〉 2016-03-26「産経ニュース」http://www.sankei.com/entertainments/news/160326/ent1603260008-n2.html,（参照 2016-10-02）.
121 〈Fashion & Style Rides With Justice Smith, Jaz Sinclair On 'Paper Towns' Road Trip [PHOTOS]〉 2015-10-14「Fashion & Style」http://www.fashionnstyle.com/articles/74581/20151014/fashion-style-rides-with-justice-smith-jaz-sinclair-on-paper-towns-road-trip-photos.htm,（accessed 2016-10-10）.

※本文中の引用図版はすべて、筆者の責任で選択し、掲載したものです。

100　今村太平『映画の世界』新評論社，1952，p.37.

101　Sergei M. Eisenstein〈Battleship Potemkin（1925）〉2015-11-10「Rikaroo」http://rikaroo.com/battleship-potemkin-1925/，（accessed 2016-10-10）.

102　「artfakes.dk」http://www.artfakes.dk/index06.htm，（accessed 2016-10-10）.

103　〈National Archives Reveals Altered Lincoln Document〉2011-01-24「Lincolniana」http://lincolniana.blogspot.jp/2011/01/national-archives-reveals-altered.html，（accessed 2016-10-10）.

104　O'Connor, K. A., Holman, D. J., & Wood, J. W.. Declining fecundity and ovarian ageing in natural fertility populations. Maturitas，1998, 30（2），p.127-136.

105　高橋さきの〈「妊娠しやすさ」グラフはいかにして高校保健・副教材になったのか〉2015-09-14「SYNODOS」http://synodos.jp/education/15125，（参照 2016-10-02）.

106　田中重人「日本産科婦人科学会等 9 団体による改竄グラフ使用問題」http://www.sal.tohoku.ac.jp/~tsigeto/misconduct/20150916.pdf，（参照 2016-10-02）.

107　筆者作成.

108　「開明東進衛星予備校」http://www.kaimei.com/kaimei-toshin.html，（参照 2016-10-10）.

109　〈データを台無しにするアンケート項目トップ 5〉「SurveyMonkey」https://jp.surveymonkey.com/blog/jp/2015/03/5-common-survey-questions-thatll-ruin-data/，（参照 2016-10-02）.

110　〈A Brief History of Photo Fakery〉「New York Times」http://www.nytimes.com/slideshow/2009/08/23/weekinreview/20090823_FAKE_SS_5.html?_r=0，（accessed 2016-10-10）.

111　〈Loch Ness Monster could become national animal of Scotland〉2015-04-23「METRO」http://metro.co.uk/2015/04/23/loch-ness-monster-could-become-national-animal-of-scotland-5162923/，（accessed 2016-10-10）.

112　David Pratt「Crop Circles and Their Message」http://www.bibliotecapleyades.net/circulos_cultivos/esp_circuloscultivos14.htm，（accessed 2016-10-10）.

113　「コンサルティング MiMi」http://www.minoya.info/4649/analysis/composite_image6.php，（参照 2016-10-10）.

114　「株式会社くまなんピーシーネット」http://forensic.kumanan-pcnet.co.jp/belkasoft/features/fd.html，（参照 2016-10-10）.

085 石上阿希「鈴木春信画『風流座敷八景』考：画中狂歌の利用と図柄の典拠」『浮世絵芸術』2008, 156, p.80. http://unno.nichibun.ac.jp/geijyutsu/ukiyoe-geijyutsu/lime/156_069.html, (参照 2016-10-10).
086 「考古用語辞典」http://abc0120.net/thread-4918-1-1.html, (参照 2016-10-10).
087 「臨済宗妙心寺派 大本山妙心寺」http://www.myoshinji.or.jp/event/archive/archive/20100326_2147.html, (参照 2016-10-10).
088 「Collections Database」http://museums.fivecolleges.edu/browser.php?m=objects&kv=4000864&i=3320643, (accessed 2016-10-10).
089 Greg Evans〈Luann Again.〉2016-02-25「GO COMOCS.」http://www.gocomics.com/luann-againn/2016/02/25, (accessed 2016-10-10).
090 〈MAD About Obama: Yes We Can't!" New MAD eBook Available Today! 〉2012-10-03「MAD」http://www.madmagazine.com/blog/2012/10/03/mad-about-obama-yes-we-can%E2%80%99t-new-mad-ebook-available-today, (accessed 2016-10-10).
091 Dan Thompson〈Brevity〉2011-02-08「GO COMOCS.」http://www.gocomics.com/brevity/2011/02/08, (accessed 2016-10-10).
092 Dave Coverly〈Speed Bump〉2015-03-12「GO COMOCS.」http://www.gocomics.com/speedbump/2015/03/12, (accessed 2016-10-10).
093 「唐沢なをき公式ウェブサイト『からまん』」http://www.nawosan.com/, (参照 2016-10-02).
094 唐沢なをき『電脳なをさん Ver 2.0』アスキーメディアワークス, 2011, p.60.
095 『朝日新聞』『読売新聞』2007-04-07 を基に筆者作成.
096 「bits&bites」http://billyjane.tumblr.com/post/242951157/leni-riefenstahl-olympia-lockende-leinwand, (accessed 2016-10-10).
097 〈Wildlife Documentary Deception〉2010-09-27「Ehtics Alarms」http://ethicsalarms.com/tag/the-living-desert/, (accessed 2016-10-10).
098 ITN Archive Limited〈Pollution during the Gulf War〉1991-01-25「getty images」http://www.gettyimages.co.jp/detail/%E5%8B%95%E7%94%BB/black-waves-flopping-onto-shore-from-oil-spill-oil-black-%E3%83%8B%E3%83%A5%E3%83%BC%E3%82%B9%E5%8B%95%E7%94%BB/98121036, (accessed 2016-10-10).
099 〈Simple Explanation: The Kuleshov Filmmaking Experiment in Editing 〉「Filmmakers Fans」http://filmmakersfans.com/the-kuleshov-filmmaking-experiment-in-editing/, (accessed 2016-10-10).

069 「NAVER まとめ」http://matome.naver.jp/odai/2137604654708131101/2137605634112347203,（参照 2016-10-10）.
070 「山本太郎のニッポン画大全」http://www.h7.dion.ne.jp/~nipponga/,（参照 2016-10-02）.
071 『尾形光琳：「琳派」の立役者』（別冊太陽　日本のこころ 232）平凡社，2015，p.16.
072 「neutron」http://www.neutron-kyoto.com/gallery/06_12_dm/YAMAMOTO_TARO/exhibition2.htm,（参照 2016-10-10）.
073 KADOKAWA「日本以外全部沈没」http://www.kadokawa-pictures.jp/official/nihonigai/,（参照 2016-10-02）.
074 〈「白い恋人」売上げ 80 億円を支えるマーケティング戦略、攻めの歴史〉2015-12-24「HARBOR BUSINESS Online」http://hbol.jp/,（参照 2016-10-02）.
075 〈ヒット商品を支えた知的財産権 Vol.37　北海道を代表する銘菓「白い恋人」〉「日本弁理士会」http://www.jpaa.or.jp/activity/publication/hits/hits37.html,（参照 2016-10-02）.
076 田村善之〈「白い恋人」vs.「面白い恋人」事件～商標法・不正競争防止法におけるパロディ的使用の取扱い～〉2013-04-15「判例・法令検索・判例データベースのウエストロー・ジャパン」http://www.westlawjapan.com/column-law/2013/130415/,（参照 2016-10-02）.
077 同上.
078 〈［ネタ１］正論丸〉2009-01-05「薬局のオモテとウラ」http://blog.kumagaip.jp/article/25210303.html,（参照 2016-10-10）.
079 「【駄菓子と子供菓子の】オリオン株式会社【面白いのたくさんあるでぇ】」http://www.orionstar.co.jp/,（参照 2016-10-10）.
080 木村達矢〈【判例研究】ランボルミーニ事件〉2014-06-16「特許業務法人オンダ国際特許事務所ホームページ」http://www.ondatechno.com/Japanese/report/2014/20140616.html,（参照 2016-10-02）.
081 「Franck Muller」http://www.franckmuller-japan.com/,（参照 2016-10-10）.
082 「フランク三浦腕時計」http://tensaitokeishi.jp/shop/shopbrand.html,（参照 2016-10-10）.
083 木村，前掲を基に作成.
084 大内奏〈「フランク三浦」が OK なら「スマン・スミス」は？パロディーの境界線〉2016-04-24「withnews」http://withnews.jp/article/f0160424000qq000000000000000W03b10301qq000013332A,（参照 2016-10-02）.

053 「自由に使える読書感想文」http://www2k.biglobe.ne.jp/~onda/, （参照 2016-10-02）.
054 「自由に使える読書感想文」http://www2k.biglobe.ne.jp/~onda/pdf-dokkan-20150901/melos-3a.pdf, （参照 2016-10-10）.
055 米谷茂則「調べ学習における引用指導についての考え方」『明治大学図書館情報学研究会紀要』2010, (1), p.45-53.
056 東京大学教養学部「期末レポートにおける不正行為について」http://www.c.u-tokyo.ac.jp/fas/huseikoui20150310.pdf , （参照 2016-10-02）.
057 「California State University Channel Islands 」http://www.library.csuci.edu/research/documents/prevent-plagiarism-best-practices.pdf, (accessed 2016-02-23).
058 〈フロイト理論〉2007-06-02「みんなの資料広場」https://www.happycampus.co.jp/docs/983428782101@hc07/13773/, （参照 2016-10-14）.
059 「How to Discourage Plagiarism」http://www.provost.bilkent.edu.tr/Discouraging%20Plagiarism%20compilation.doc, (accessed 2016-10-02).
060 「terry（@telsaku）」2015-08-19, https://twitter.com/telsaku/status/633963559924293632, （参照 2016-10-10）.
061 飯野守「パロディにみる表現の自由と著作権の相克」『湘南フォーラム：文教大学湘南総合研究所紀要』2008, 12, p.171-184.
062 福井健策『著作権とは何か：文化と創造のゆくえ』集英社, 2005, p.149-150.
063 草原でコンコロリン♪〈ただのパロディではない1冊だと思うな〉2006-11-19「amazon.co.jp」https://www.amazon.co.jp/review/R1N95YHPINE3HG, （参照 2016-10-02）.
064 ギレーヌ・キーゼル著, モンルワ幸希著訳「フランスにおける知的財産制度におけるパロディ」『パテント』2013, Vol. 66 No. 6, p. 18-28. http://www.jpaa.or.jp/activity/publication/patent/patent-library/patent-lib/201304/jpaapatent201304_018-028.pdf, （参照 2016-10-02）.
065 「しみず さるひこ（@bub_shimizu）」2014-08-20, https://twitter.com/yasyukukumo/status/502229666627715072, （参照 2016-10-10）.
066 「TINTIN JAPAN」http://www.tintin.co.jp/album/album_top.html, (参照 2016-10-10).
067 「PASSION　BOUQUINS.COM」http://www.passion-bouquins.com/gordon-zola-reportage/, (accessed 2016-10-10).
068 「YAHOO!JAPAN ショッピング」http://store.shopping.yahoo.co.jp/4stbeeemb5t2un7dhucyuubz4m/ng7gpj8gxe.html, （参照 2016-10-10）.

036 「Interlocking Rings Tutorial for Adobe Illustrator」http://graphicssoft.about.com/od/illustrator/l/blrings.htm, (accessed 2016-10-10).
037 「Dundjinni」http://www.dundjinni.com/forums/uploads/Cecil/283_pushback2.jpg, (accessed 2016-10-10).
038 「google+1 ring icons」http://www.free-icons-download.net/icons/googleplus1-ring-icons-52838.html, (accessed 2016-10-10).
039 「Vision expo west logo」http://logodatabase.net/vision+expo+west+logo, (accessed 2016-10-10).
040 「Bēhance」https://www.behance.net/gallery/26357671/Audi-TT-Campaign-2015, (参照 2016-10-10).
041 「マイコレクション〈缶ビール〉」http://canbeer.ti-da.net/c121632_2.html, (参照 2016-10-10).
042 「KIRIN」http://www.kirin.co.jp/products/beer/lager/products/index.html, (参照 2016-10-10).
043 「STOKKE」https://www.stokke.com/JPN/ja-jp/home, (参照 2016-10-10).
044 「国会中継：衆議院予算委員会」2008-02-21.
045 「おおた区議会年報」https://www.city.ota.tokyo.jp/gikai/kugikaitoha/nenpou/18nenpo.files/18nenpo.pdf, (参照 2016-10-02).
046 「ウィキペディア」https://ja.wikipedia.org/wiki/, (参照 2016-10-10).
047 時実象一「私の視点：ウィキペディア　安易な引用はやめよう」『朝日新聞』2007-7-24, p.15.
048 Kevin Morris〈 After a half-decade, massive Wikipedia hoax finally exposed〉2013-01-01「The Daily Dot」http://www.dailydot.com/news/wikipedia-bicholim-conflict-hoax-deleted/, (accessed 2016-10-02).
049 時実象一「ウィキペディアを考える」『薬学図書館』2014, 59 (3), p.164-169.
050 「「ウィキ馬鹿」になるな　情報源として100%信用する人たち」『AERA』2012-10-1, p.22.
051 〈宿題丸写し、四人に一人。〉2013-04-25「大勢待としあきのblog」http://blog.livedoor.jp/ohsemachi/archives/27124307.html, (参照 2016-10-02).
052 〈実践ビジネス発想法．当世大学事情：罪悪感なくコピペを繰り返す学生と遅刻に罰金を科す教授〉2006-08-22「実践ビジネス発想法」https://web.archive.org/web/20130606042732/http://www.planbiz.info/blog//archives/20060822_164421.php, (参照 2016-10-02).

ぜ「曲の感じ」に著作権が認められたか？〉2015-07-18「Real Sound」http://realsound.jp/2015/07/post-3929_3.html，（参照 2016-03-20）．
021 福井健策『著作権とは何か：文化と創造のゆくえ』集英社，2005，p.102-103.
022 「Nec Spe, Nec Metu」http://necspenecmetu.tumblr.com/image/40413003837，(accessed 2016-10-10)．
023 Christopher Cambell〈The 5 Best 'Pygmalion' Movies Since 'My Fair Lady'〉2014-10-22「FILM SCHOOL REJECTS」http://filmschoolrejects.com/features/my-fair-lady-legacy.php，(accessed 2016-10-02)．
024 原田真人（聞き手）『黒澤明語る』福武書店，1991，p.133.
025 栗原，前掲書，p.178-184.
026 『朝日新聞』1977-11-16，p.10.
027 「TOYOTA　ReBORN」https://www.toyota.co.jp/jpn/kokorohakobu/reborn/，（参照 2016-10-10）．
028 「LISMO ！ケータイ」http://www.au.kddi.com/mobile/service/featurephone/lismo/，（参照 2016-10-10）．
029 〈Tokyo 2020 Logo is Not Plagiarism〉2015-08-05「Brand New」http://www.underconsideration.com/brandnew/archives/tokyo_2020_logo_is_not_plagiarism.php#.V_sfR-WLRD9，(accessed 2016-10-10)．
030 〈盗作疑惑浮上の佐野研二郎氏デザイン「トートバッグ」、サントリーが賞品から取り下げ〉2015-08-13「弁護士ドットコム」https://www.bengo4.com/houmu/17/1263/n_3556/，（参照 2016-10-10）．
031 〈著作権の『暗黙の了解（ルール）』の難しさ。佐野研二郎氏プレゼン資料盗用問題を擁護しようと思う〉2015-08-30「政治・社会問題を素人が考える」http://news.ks-product.com/sano-presentation-materials/，（参照 2016-10-10）．
032 ハイセーヤスダ〈佐野研二郎氏の騒動で多摩美術大学の学生に風評被害か 就活に影響も〉2015-09-07「livedoor NEWS」http://news.livedoor.com/article/detail/10559318/，（参照 2016-10-02）．
033 ALEX HEATH〈Eddy Cue blames record labels for craptastic iTunes DRM〉「Cult of Mac」http://www.cultofmac.com/305144/eddy-cue-says-record-labels-blame-craptastic-itunes-drm/，(accessed 2016-10-02)．
034 〈「龍馬伝」と「武蔵」著作権侵害と提訴〉2011-09-22「nikkansports.com」http://www.nikkansports.com/ajaxlib/root/entertainment/news/f-et-tp0-20110922-839045.html，（参照 2016-10-10）．
035 同上.

注・引用参考文献

001　矢野敏樹「米国著作権法におけるパロディとフェア・ユース／差止め請求：パロディに関する裁判例と、小説の続編出版が問題とされた最近の事例から」『日本大学法学部知財ジャーナル』2011，(4)，p.37-49.
002　「埼玉県立図書館デジタルライブラリー」https://www.lib.pref.saitama.jp/stplib_doc/data/d_conts/kicho/gazou/17-6.pdf，(参照 2016-10-10).
003　永田眞理『大作家は盗作家《？》:剽窃と創造の谷間を考える』こう書房，1981，p.14.
004　永田，前掲書，p.110-111.
005　栗原裕一郎〈安藤盛と久米正雄〉2009-06-08「おまえにハートブレイク☆オーバードライブ」http://d.hatena.ne.jp/ykurihara/20090608/1244437430，(参照 2016-10-02).
006　山本和加子『「あゝ野麦峠」と山本茂実』角川学芸出版，2010.
007　栗原裕一郎『〈盗作〉の文学史』新曜社，2008，p.415.
008　栗原，前掲書，p.148-162.
009　〈お詫びとお願い〉2009-03-10「岩波書店ホームページ」http://web.archive.org/web/20091001062557/http://www.iwanami.co.jp/topics/index_k.html，(参照 2016-10-02).
010　高階秀爾『ピカソ：剽窃の論理』美術公論社，1983.
011　『ピカソ全集 1：青の時代』講談社，1981，p.109.
012　「Salvastyle.com」http://www.salvastyle.com/menu_impressionism/manet.html，(accessed 2016-10-10).
013　「Italian Renaissance Art.com」http://www.italian-renaissance-art.com/Venus-of-Urbino.html，(accessed 2016-10-10).
014　『ピカソ』(ヴィヴィアン新装版 25 人の画家　第 19 巻) 講談社，1995，p.124.
015　「Humanities Web.org」http://www.humanitiesweb.org/human.php?s=g&p=c&a=p&ID=96，(accessed 2016-10-10).
016　「和田義彦の盗作？の立体視手法による解析？」http://sohta.fc2web.com/tosaku/tosaku.htm，(参照 2016-10-10).
017　『朝日新聞』1983-09-13，p.22.
018　筆者撮影.
019　「彫刻家　大和作内翁　メモリアルサイト」http://wwwa.dcns.ne.jp/~hiro777/sakunai/index.htm，(参照 2016-10-10).
020　小杉俊介〈ロビン・シックとファレルの盗作裁判を弁護士が再検証　な

ら行

わ行

アルファベット

ま行

や行

た行

な行

は行

さ行

索引

あ行

か行

著者プロフィール

時実 象一(ときざね・そういち)

1944年 岡山県に生まれる
1966 東京大学理学部化学科卒業
1968 東京大学大学院理学系研究科化学専門課程修士課程修了
東洋レーヨン(現東レ)株式会社、社団法人 化学情報協会、
米国化学会ケミカル・アブストラクツ・サービス(CAS)、
科学技術振興事業団(JST)、愛知大学文学部教授などを経て、
現在 東京大学 大学総合教育研究センター非常勤講師
一般社団法人 情報科学技術協会 会長
学術情報XML推進協議会 会長
大阪大学にて理学博士号授与(1987)
主著 『デジタル・アーカイブの最前線』講談社
『理系のためのインターネット検索術』講談社
『新訂 情報検索の知識と技術―情報検索応用能力試験2級
対応テキスト』(共著) 情報科学技術協会
ほか

コピペと捏造

どこまで許されるのか、表現世界の多様性を探る

2016年11月7日 初版第1刷発行

検印廃止

監修者 一般社団法人 情報科学技術協会
著者© 時実象一
発行者 大塚栄一

発行所 株式会社 樹村房
〒112-0002
東京都文京区小石川5丁目11番7号
電話 東京 03-3868-7321
FAX 東京 03-6801-5202
http://www.jusonbo.co.jp/
振替口座 00190-3-93169

編集協力/揚力株式会社
デザイン・組版/BERTH Office
印刷/美研プリンティング株式会社
製本/有限会社愛千製本所

ISBN978-4-88367-270-7